Dalibor Truhlar

FRÜHSCHRIFTEN ZUR POLITISCHEN PHILOSOPHIE

*Arbeiten und Referate
aus den Jahren 1989–1994*

Impressum

Autor, Herausgeber und Verlag:
Dr. Dalibor Truhlar
Linzer Str. 27/9, 4073 Wilhering, Austria
E-Mail: dalibortruhlar@gmail.com
Website: www.dalibortruhlar.com

Geschrieben 1989-1994
1. Auflage in korrigierter Fassung 2023, Dalibor Truhlar

ISBN: 979-8-398-89663-3

Inhalt

Vorwort

Die vorliegenden Arbeiten schrieb ich im Rahmen von Lehrveranstaltungen als Philosophiestudent an der Universität Wien von 1989 bis 1994 und hielt sie stellenweise als Referat. Im Jahr 2013 tippte ich sie ab, korrigierte sie und publizierte sie einzeln als E-Books. 2023 korrigierte ich sie noch einmal, fasste sie zusammen und veröffentlichte sie als Taschenbuch und als E-Book.

Mein Schwerpunkt war politische Philosophie bzw. Sozialphilosophie, wobei ich mich auf Antitotalitarismus- und Demokratieforschung spezialisiert hatte, insbesondere auf Marxismus, Leninismus, Kommunismus, Sozialismus und später auf Masaryk. Die Arbeiten aus diesen Bereichen publizierte ich in anderen Bänden. Die Arbeiten hier sind gewissermaßen das, was nach Abzug von Anti-Totalitarismus, Masaryk und meinen Schriften zur Philosophie übrigblieb.

Es handelt sich um frühe Schriften und das erkennt man unter anderem an den stellenweise fehlenden bzw. unzureichenden Quellennachweisen. Ich hoffe, dass sie dennoch interessant und anregend bleiben.

Dalibor Truhlar, 2023

Französische Revolution und Oktoberrevolution im Vergleich

Vorwort

Die vorliegende Arbeit schrieb ich im Rahmen eines Seminars an der Universität Wien 1989 und hielt sie als Referat.

Es handelte sich um meine erste größere Arbeit. Ich hatte kurz davor meinen späteren Professor bei einem Vortrag zu diesem Thema gehört, der mir sehr gut gefiel. Ich besuchte deshalb sein Seminar und erhielt eben dieses Thema zur Ausarbeitung. Ich versuchte es selbstständig weiterzuentwickeln. Der Professor war mit meiner Arbeit zufrieden, aber auch überrascht, weil ich in meiner Kritik noch weiter ging als er. Tatsächlich war die Arbeit ein Statement, das zu machen im gegebenen Rahmen eine gewisse Herausforderung darstellte.

Warum aber vergleicht man die Französische Revolution mit der Oktoberrevolution überhaupt? Nun, weil der Vergleich bereits öfters angestellt wurde, mehrheitlich von Vertretern der Oktoberrevolution. Es handelt sich um Propaganda, eine ideologische Vereinnahmung der Französischen Revolution seitens der Bolschewiken, um ihre Machtergreifung zu rechtfertigen, indem sie sie in den Kontext der marxistischen Geschichtsphilosophie stellen.

Ich widerspreche dem und belege es. Meine Aussage lautet, dass zwar Ähnlichkeiten zwischen den Revolutionen bestehen, aber auch Unterschiede und vor allem keine Gemeinsamkeiten in dem Sinn, dass man 1917 durch 1789 legitimieren könnte. Beide Revolutionen sind in ihrem Wesen, ihrer Entwicklung und ihrer Zielsetzung unterschiedlich. Auch im Ergebnis. Die eine führte auf Umwegen zur Demokratie, die andere auf direktem Weg zur Diktatur. Die Französische Revolution erlebte eine

Eskalation der Gewalt, die Russische Revolution führte zu einer neuen Dimension von Gewalt.

Der Vergleich hinkt zusätzlich, weil es sich bei der Oktoberrevolution nur um einen Putsch handelte. Die Machtergreifung im Oktober war damit Teil der größeren Russischen Revolution, die ihrerseits mit der Französischen Revolution zu vergleichen wäre.

Ich halte den Vergleich trotzdem für interessant, weil man dabei einiges lernt, über die beiden Revolutionen, die Ideologien und auch die Strukturen revolutionärer Dynamik. Ein solches Parallel-Lesen ist herausfordernd, kann aber zum besseren Verständnis führen.

Ich beschreibe die historische, politische und philosophische Perspektive und spreche auch über Gewalt und Rechtfertigung. Die unterschiedlichen Phasen der Französischen Revolution werden ebenso skizziert wie das Vorfeld der Russischen Revolution.

Selbstverständlich würde ich heute einiges anders schreiben. Beispielsweise würde ich die Rolle Napoleons stärker thematisieren. Die Schlussfolgerungen wären allerdings die gleichen.

Das Thema war damals aktuell. Heute scheint es alter Kaffee zu sein. Schön wäre es. Wie auch immer, das Nachdenken darüber erlaubt Schlüsse auf andere heiße Getränke. Freuen wir uns, wenn nichts so heiß getrunken wird, wie es serviert wird.

„Wir haben die bürgerlich-demokratische Revolution zu Ende geführt, wie niemand sonst. Wir marschierten ganz bewußt, sicher und unbeirrt vorwärts, zur sozialistischen Revolution, in dem Bewußtsein, daß sie nicht durch eine chinesische Mauer von der bürgerlich-demokratischen Revolution getrennt ist, in dem Bewußtsein, daß nur der Kampf darüber entscheiden wird, wie weit es uns letztlich gelingen wird, vorwärts zu kommen, welchen Teil der unermeßlich hohen Aufgabe wir erfüllen, welchen Teil unserer Siege wir uns auf die Dauer sichern werden. Die Zeit wird's lehren."

Lenin, zum vierten Jahrestag der Oktoberrevolution,
14. Oktober 1921

Die historische Perspektive

Die Analogien zwischen den Revolutionen von 1789 und 1917, die bereits Crane Brinton in „The Anatomy of Revolution" aufzeigte, sind offensichtlich und finden sich auch bei anderen Revolutionen.

Meistens gibt es eine Masse, der von einigen Intellektuellen die Richtung gewiesen wird, die sich auf ihre Seite stellen, von den Armen Frankreichs bis zu geistlichen und adeligen Überläufern von Abbe Sieyes, der als erster literarischer Tongeber des Bewusstseins der revolutionären Massen galt, bis zum Abbe Gregoire, der den Anschluss des Klerus an den dritten Stand, der sich bereits zur Nationalversammlung ernannt hatte, am 19. Juni 1789 mit 149 zu 137 Stimmen anführte. Oft gibt es einen Mann, der am Anfang der Umwälzung steht, sie einleitet und durch sie groß wird, auch den reichen Beistand, der ihn bei der Durchführung seiner Pläne unterstützt. So war es bei Marx und Engels zumindest in Hinsicht auf die Ideologie und bei Lenin als einem Vertreter des Kleinadels, der sich ihrer Lehre bediente.

Auch die Schicksale der Akteure ähneln einander: Die sogenannten Demokraten wandeln sich zu Diktatoren, beide Revolutionen fressen ihre Kinder, Robespierre wird guillotiniert, Trotzki mit dem Eispickel zu Tode geschlagen und am Ende stehen Napoleon oder Lenin bzw. Stalin. Die Stärke liegt bei der Minorität der Extremisten, die sich selbst das Wort erteilen, vom Wohlfahrtsausschuss der Jakobiner bis zu den nicht mal 20 Prozent der Bolschewiken. Der große Knall, mit dem alles beginnt, wirkt im Vergleich zu dem, was ihm folgt, fast schon nüchtern: Die Erstürmung der Bastille am 14. September 1789 bringt Frankreich sechs bis sieben befreite Gefangene, der Angriff auf das Winterpalais am 7. November 1917 bzw. am 26. Oktober 1917 fordert bis zur Proklamation des Sowjetstaates sechs Tote. Dazwischen liegen viele Verräter, noch mehr Verratene und eine beachtliche Anzahl von Intellektuellen, von denen einige blind durch die Geschehnisse rennen und andere besonnen vor den Gefahren warnen. Die einen geben Anweisungen, dieses und jenes zu machen, die anderen ermahnen, dieses und jenes nicht zu machen, nur damit genau dieses und jenes letztlich doch getan wird. So fanden sich genug Persönlichkeiten, die vor den Revolutionen warnten bzw. sie kritisch kommentierten, von Edmund Burke bis Karl Kautsky.

Neben den Ähnlichkeiten gibt es aber auch Unterschiede zwischen der Französischen Revolution und der Oktoberrevolution, zum Beispiel den Termin des Ausbruchs, die an der Revolution maßgeblich beteiligten Personen und die Intentionen, die eine grundlegende Komponente in der Auswirkung der beiden Revolutionen auf die Nachwelt bilden. Die Einteilung dieser Differenzen geht im Wesentlichen auf die Ausführungen von Norbert Leser im Artikel „Robespierre und Lenin" in der Zeitschrift „Zukunft" vom 7. Juli 1989 zurück, in dem er sich explizit mit der Problematik der Unterschiedlichkeit bzw. der möglichen Ähnlichkeit der beiden Revolutionen beschäftigt.

Der Termin des Ausbruchs ist insofern von Bedeutung, als die propagierte geschichtliche Notwendigkeit der marxistischen Lehre einen festen Zeitpunkt für die große Revolution vorschreibt. Sie findet genau dann statt, wenn sie historisch stattfinden muss, so skurril das auch klingen mag. So können wir nicht anders, als die Oktoberrevolution daraufhin zu prüfen, ob sie diesem Kriterium genügt.

Die Französische Revolution war nicht an einen bestimmten Termin gebunden. Sie brach aus, als die Zeit reif war. Sie hatte die Funktion eines Ventils, um dem französischen Volk Luft zu machen. Dies gilt ebenso für die Februarrevolution 1917 in Russland, aber nicht für die Ereignisse im Oktober.

Die Französische Revolution hatte viele Anfänge, viele Augenblicke, viele Brüche, auch mit dem Absolutismus: Die Einberufung der Generalstände am 5. Mai 1789 (die im Grunde schon über ein halbes Jahr alt war, denn der Beschluss des Parlaments von Paris über die Einberufung der Generalstände nach dem Modus von 1614 erfolgte bereits am 21. September 1788), die Ernennung des Dritten Standes zur Assemblee nationale am 17. Juni 1789, die Erstürmung der Bastille am 14. Juli 1789, die Abschaffung des Feudalsystems am 4. August 1789, die Proklamation der Menschen- und Bürgerrechte am 26. August 1789 und viele andere Momente, die mit dem Alten brachen. Obwohl sie kontinuierlich erscheint, ist sie eine Geschichte der Frakturen. Die konstitutionelle Monarchie, die Ausrufung der Republik (21. September 1792), die Gewaltenfusion des Revolutionstribunals (10. Oktober 1793), die bürgerlich-mittelständische Direktorial-Verfassung (23. September 1795) – all diese Daten sind Pseudonyme für Epochen, die jeweils einen Neubeginn markieren.

Beide Revolutionen hatten ihre Vorgeschichte, ihre Unterdrückung seitens des Königs bzw. des Zaren, ihre Armut und ihren Hunger.

Das Jahr 1917 in Russland war wie die Zeit der Revolution in Frankreich eine Zeit der Brüche, der Destruktion und der Versuche, etwas Neues zu schaffen. Viele Kompromisse wurden geschlossen, wie zum Beispiel die Konstituierung des Sowjet neben der Duma. Es gab Putschversuche von allen Seiten, schließlich auch den Kornilow-Putsch, der in weiterer Folge den Aufstieg der Bolschewiki begünstigte.

Während Necker entlassen wurde und Mirabeaus Gunst beim Volk Schwankungen unterworfen war, wechselten sich in Russland zwischen Februar 1916 und Januar 1917 vier Ministerpräsidenten ab (Goremykin, Stürmer, Trepov und Golicyn). Aber das war eben die Februarrevolution. Im Oktober sollte sich etwas ereignen, das dem einen Strich durch die Rechnung zog, nämlich die Machtergreifung Lenins.

Die Französische Revolution wurde vom Volk gemacht zu einem Zeitpunkt, als der Vulkan explodierte. Die Oktoberrevolution war eine willkürliche Aktion der Bolschewiki. So schrieb Lenin in einem Brief an die Mitglieder des ZK der Bolschewiki am 24. Oktober bzw. 6. November 1917, „daß jetzt alles an einem Haar hängt", und Trotzki berichtet in „Über Lenin": „Wenn wir die Macht nicht im Oktober ergriffen hätten, dann hätten wir sie überhaupt nicht ergriffen."

Auf diese Weise erfährt die Oktoberrevolution ihre räumlich-zeitliche Festlegung in einem Koordinatensystem, das marxistisch konzipiert sein wollte, aber dialektisch umgebogen wurde. Eine ähnliche Festlegung findet sich auch in den Reihen derer, die an der Oktoberrevolution maßgeblich beteiligt waren und deren Namen unzertrennlich mit der Revolution verbunden sind.

Die Französische Revolution war in ihrem ersten Atemzug, in dem sie den Ärger gegen den bestehenden Absolutismus Ludwig XVI. aus- und die Sehnsucht nach kommender Freiheit einatmete, eine Sache der Massen, zumindest der Bevölkerung von Paris. Der erste Moment der Französischen Revolution war ein Augenblick, der von der Überlegenheit der Quantität lebte und deren neue Qualität sich erst danach entfaltete. Von den Massen kann eine Revolution injiziert werden, am Leben erhalten wird sie jedoch durch Ideen und Inhalte, die die Träger der

Revolution auf ihre Banner schreiben. Das Problem der Französischen Revolution war, dass es so viele Menschen gab, die glaubten, die richtige Idee zu besitzen. Das Problem der Oktoberrevolution war, dass es nur eine Idee gab, die erlaubt wurde.

Sobald die Massen Frankreichs sich beruhigt hatten und die Emotion der durch gemeinsames Handeln entstandenen Solidarität abgeflaut war, traten die Repräsentanten an die Stelle des Volkes. Zuerst standen ihre Reden und Handlungen unter dem Motto: „Das Volk an die Macht". Dann kam eine Phase, in der sie dem Volk erklärten, dass es gefährdet sei: „O Volk, zu gut und zu leichtgläubig, hüte Dich und laß Dich nicht noch mehr betrügen." (Robespierre, 29. Juli 1792) Schließlich trat eine Wendung ein, die am besten durch Saint-Just repräsentiert wird. Waren die Parteien am Beginn der Revolution noch gut genug, um durch ihren Pluralismus den König zu stürzen und die starre Macht des monarchischen Meinungsmonopols bis in die Grundfeste zu erschüttern, so änderte sich ihre Rolle im Lauf der Revolution. Mit einem Mal trugen die Parteien nicht mehr dazu bei, die Freiheit aufrechtzuerhalten, sondern im Gegenteil, sie taten etwas, was dem neuen Staat laut den neuen Machthabern nur schaden konnte, nämlich an der Freiheit mitzupartizipieren. Nach dem rousseauschen Vorbild, dass es nur einen Allgemeinwillen geben kann, nur eine Volonte generale, musste das Volk einsehen, dass es sich einig zu sein hatte. Denn Pluralismus erschien den Anführern unter diesen Umständen als eine Aufteilung der Freiheit in viele Arten des Freiheitsverständnisses, von denen nur eine einzige die „richtige" sein konnte. Das Volk, zu Beginn noch sein eigener Führer, wurde zum „Noch-Nicht-Volk" (Kurt Marko). Diese Entmündigung wurde von Revolutionären vorgenommen, von denen sich viele letztlich als austauschbare Akteure auf der Bühne der

Weltgeschichte erwiesen. Das Stichwort zu ihrem Auftritt bzw. dass dieser überhaupt stattfinden konnte, erhielten sie vom Volk, das den ersten Schritt tat.

Die Oktoberrevolution war die Revolution eines Mannes – Lenin. Er teilte die Karten aus, bestimmte ihren Wert, schloss das Spiel und sein Handeln war das einzige Kriterium der Beurteilung des Spiels.

„Wären sowohl Lenin als auch ich von Petrograd abwesend gewesen, so hätte es keine Oktoberrevolution gegeben: Die Führung der bolschewistischen Partei hätte ihren Ausbruch verhindert (daran zweifle ich nicht im geringsten). Wäre Lenin damals nicht in Petersburg gewesen – ich würde den Widerstand der bolschewistischen Spitze wohl kaum gemeistert haben." (Trotzki, Tagebuch im Exil)

Lenin war der Mann der Stunde und er war auch der Mann, der diese Stunde festlegte. Damit geht die objektive geschichtliche Notwendigkeit des Marxismus baden, die nicht von einem einzigen Mann abhängig sein kann, zu einem fixen Termin, an einem bestimmten Ort. „Und was ist das für eine materialistisch verstandene Notwendigkeit, die sich nur mit Hilfe einer bestimmten Person zu einem bestimmten Datum durchsetzt?" „Während die französische Revolution in ihrer Frühphase ein überfälliges historisches Programm absolviert hat … hat die Oktoberrevolution die historischen Möglichkeiten unter Ausnützung einer bestimmten Konstellation und Situation überstrapaziert." (Norbert Leser „Robespierre und Lenin")

Aber wie war es Lenin möglich, im Alleingang eine Entwicklung einzuleiten, die sich mit der Französischen Revolution überhaupt messen kann? Waren es sein Charakter und sein Charisma, seine Beziehungen und seine Netzwerke, seine Entschiedenheit und seine Bestimmtheit? Er verkaufte sich auf jeden Fall sehr gut. Und er verkaufte

Versprechen. Das einzige Versprechen allerdings, das er hielt, war die Beendigung des Krieges und selbst diese nur, wenn man beide Augen schließt. Dieses Versprechen richtete sich an alle, die kriegsmüden Soldaten, die erschöpften Arbeiter, an all jene, die durch familiäre Bande gezwungen waren, am Leid der Kämpfenden teilzunehmen. Der Krieg selbst war bis zu diesem Zeitpunkt nicht sehr erfolgreich verlaufen. 1915 hatte Zar Nikolaus II. gegen den Rat seiner Minister den militärischen Oberbefehl übernommen, ohne danach militärische Erfolge vorweisen zu können. Lenin versprach „die Beendigung des Krieges ohne Annexionen und Kontributionen" und schloss den Frieden von Brest-Litowsk. Doch der Krieg hörte nicht auf. Stattdessen wurde die Sowjetunion mit Bürgerkrieg und Terror überzogen. Was Lenin selbst vom Krieg hielt, kommt am besten zum Ausdruck in „Über den Kampf um den Frieden" (Sammlung ausgewählter Aufsätze und Reden, Dietz Verlag, Ost-Berlin 1965, Seite 57): „Erst nachdem wir die Bourgeoisie in der ganzen Welt und nicht nur in einem Lande niedergeworfen, vollständig besiegt und expropriiert haben, werden unsere Kriege unmöglich werden."

Lenin sprach von der Freiheit der Nationen und unterdrückte sie zugleich. Es hieß „Alle Macht den Räten". Und so kam es auch. Denn was folgte, war keine Vertretung, sondern Diktatur. Trotzki spricht in seiner Broschüre „Unsere politischen Aufgaben" von 1904 von einer Entwicklung, die zur Diktatur des ZK über die Partei und schließlich zu der eines Diktators über alle Gremien führen würde. Noch nie wurde ein so großes Volk wie das russische in einer so totalen Weise vertreten, dass ihm sogar das Denken von Repräsentanten abgenommen wurde. „Die post-totalitäre Lüge etabliert die Dummheit: ein jeder hat sich selbst zu bremsen und seinen Nebenmann zur Nichtausübung seiner geistigen Fähigkeiten anzuhalten."

(Andre Glucksmann „Die Macht der Dummheit", „Der post-totalitäre Geist")

Weiters sprach Lenin von einer Aufteilung des Landes. Die Leibeigenschaft war bereits vor Jahrzehnten vom Zaren aufgehoben worden, das Land gehörte dennoch einigen wenigen. Das, was in der Französischen Revolution am 4. August 1789 passierte, die Abschaffung des Feudalsystems, war auch Lenins deklariertes Anliegen. Allerdings wurde die Leibeigenschaft bloß ersetzt durch Pflichternte und Zwangskollektivierung. Mit wie viel Millionen von Opfern das verbunden war und immer noch ist, zeigen die Beispiele von Ukraine bis Äthiopien und Eritrea.

Lenin sprach von Arbeiterselbstverwaltung, was er den Arbeitern gab, war aber Kriegskommunismus. Und statt Freiheit, dem ersten Wort der Losung der Französischen Revolution (Freiheit, Gleichheit, Brüderlichkeit), brachte Lenin Terror, den er nicht nur auf Klassenfeinde beschränkte, was schlimm genug wäre, sondern sich gegen alle wandte, die angeblich gegen das Volk, gegen die Revolution, gegen die Partei, gegen die gemeinsame Sache waren.

Wie sieht es aber mit der Revolution selbst aus? Was waren die Anliegen Frankreichs und der Sowjetunion in Bezug auf die Welt?

Frankreich ging es vorerst um sich selbst. Die Französische Revolution zielte auf den französischen Absolutismus. Es war ein Aufstand der französischen Massen, der zwar in seiner Explosion nicht kontrolliert werden konnte, aber vorläufig auf ein Land fixiert blieb. Erst zu einem fortgeschrittenen Zeitpunkt, nämlich ab dem Moment, als es sich als Nation im Gegensatz zum feindlichen Ausland wahrzunehmen begann, wurden Freiheit, Gleichheit, Brüderlichkeit in das Vokabular des politisch internationalen Messianismus übertragen.

Die Auseinandersetzungen waren vorauszusehen. Die Monarchen des damaligen Europa mussten mit einem Übergreifen der revolutionären Ideen auf ihre Hoheitsgebiete rechnen und konnten eine solche Umwälzung auch nicht ohne Gesichtsverlust hinnehmen. Insofern stellt sich die Frage, wer die Revolutionskriege eigentlich begann. Waren es Leopold II. und Friedrich Wilhelm II. oder die Revolutionsparteien Frankreichs, die von ihrer Mission so überzeugt und zugleich untereinander so zerstritten waren und die, um ihr Image vor dem Volk zu wahren und als Mittel der Ablenkung von innerstaatlichen Problemen das Land in die Wirren der Revolutionskriege führten?

Marie-Antoinette schrieb am 9. Dezember 1791 an den österreichischen Gesandten Mercy-Argenteau: „Diese Dummköpfe begreifen nicht, daß dies Uns dient; denn letzten Ende wird es notwendig sein, daß sich alle Mächte einmischen, wenn Wir anfangen."

Einige von begriffen es sehr wohl, zum Beispiel Robespierre, der in seinen Reden am 2. und 11. Januar 1792 erklärte: „Niemand liebt die bewaffneten Missionare; der Rat, den die Natur und die Klugheit geben, ist der, sie als Feinde zurückzuschlagen." Aber der nationale Eifer der Jakobiner entschied. Frankreich hatte einen Auftrag.

Anders verhält es sich im Falle der Oktoberrevolution. Die Sowjetunion wurde bereits mit der Vorbestimmung geschaffen, die gesamte Welt zu retten. Der internationale Charakter des Kommunismus ist belegt. Wie Marx und Engels bereits 1848 im Manifest über die Revolution schrieben: „Die Proletarier haben in ihr nichts zu verlieren als ihre Ketten. Sie haben eine Welt zu gewinnen." Der Kommunist will den Kommunismus und er will ihn für die ganze Welt. Es ist eine seltsame Tatsache, dass der Marxismus in seinem Anspruch der Wissenschaftlichkeit ethisch indifferent ist (siehe Popper in „Die offene Gesellschaft und ihre Feinde", 12. Kapitel „Die Sittenlehre des Historizismus") und zugleich so wertend. Diese Ambivalenz bzw. eigentlich Diskrepanz sollte jedem Moralisten zu denken geben. Der Antagonismus der Axiologität und Indifferenz ist ein Widerspruch, aber er erleichtert die Argumentation und Legitimation. Ohne dieses Element des Messianismus hätte der Marxismus wohl niemals die erforderliche Attraktivität und Kampfkraft besessen, um so viele Menschen anzuspornen, so viel Enthusiasmus hervorzurufen und so viele Energien freizusetzen.

Nikolai Berdjajew drückt es in seinem Buch „Wahrheit und Lüge des Kommunismus" („Prawda i Losch Kommunisma", Paris 1931) aus: „Im Marxismus, wie übrigens in jeder äußerst revolutionären Ideologie, ist ein unbewußtes Erlebnis dualistisch-manichäischer Natur vorhanden, nämlich des scharfen Gegensatzes zwischen dem Reich des guten Gottes und dem Reich des bösen Gottes." So beginnt die Geschichte der Sowjetunion als eines Staates, der den Kommunismus auf der ganzen Welt salonfähig machen wollte.

Die politische Perspektive

Die Französische Revolution war kein kontinuierlicher Vorgang. Sie unterteilte sich in viele Kapitel. Wenn man sie mit Hegel als einen „herrlichen Sonnenaufgang" bezeichnet, dann ging die Sonne mehrere Male auf und ab, als würde sie sich nicht trauen, über den Horizont zu blicken, je nachdem, aus welcher ideologischen Perspektive man dieses Naturschauspiel betrachtet. Es gab viele kleine und große Themen, die zu verschiedenen Phasen der Revolution eine unterschiedliche Rolle spielten. Drei wichtige Phasen der Französischen Revolution können unterschieden werden:

Die erste Phase beginnt mit der Deklarierung des Dritten Standes als der Assemblee nationale am 17. Juni 1789 und endet mit der Proklamation der Republik am 21. September 1792; die zweite Phase erstreckt sich vom 21. September 1792 bis zum 10. Oktober 1793, als der Wohlfahrtsausschuss unbeschränkte Vollmacht erhält; die dritte Phase ist der Ausklang des Terrors und des Chaos.

Diese Daten dienen nur der Orientierung. So beginnt die Phase des politischen Terrors bereits vor der Gründung der Republik, und die dritte Phase, deren Anfang mit der Erteilung der unbeschränkten Vollmacht seitens des Nationalkonvents an den Wohlfahrtsausschuss zusammenfällt, müsste dementsprechend mit der Auflösung des Revolutionstribunals enden. Ebenfalls nicht berücksichtigt sind bei dieser Gliederung die Direktorialverfassung vom 23. September 1795 und die Auflösung des Nationalkonvents und dessen Ersetzung durch das Direktorium am 28. Oktober 1795. Aber die Einteilung hilft uns, jene ideologischen Momente besser zu erkennen, die beim Vergleich mit der Oktoberrevolution wichtig sind.

In der ersten Phase steht die Masse des Volkes der Gruppe der Revolutionäre gegenüber, die Profile sind noch nicht klar erkennbar. Die Revolution bleibt im Rahmen einer selbst für die Monarchie akzeptablen Politik. Es ist die Zeit Mirabeaus, der sich als einer der Rhetoriker der Revolution hervortut und dennoch zwischen den Fronten steht. Er stellt eine Vermittlerfigur dar zwischen der Revolution und dem König. In seiner Rede am 15. Juni 1789 steht er an der Seite des Volkes und bestärkt es dennoch in einer eher pragmatischen Haltung: „Das Volk will Erleichterungen … Das Volk schüttelt die Tyrannei ab, weil es nicht mehr unter der schrecklichen Bürde atmen kann, mit der man es unterdrückt; doch verlangt es lediglich, nicht mehr zu zahlen als es kann und sein Elend in Frieden zu tragen." Doch bereits am 23. Juni 1789 verkündet er: „… denn wir werden uns von unseren Plätzen nur durch die Gewalt der Bajonette vertreiben lassen."

In dieser Phase machte die Revolution ihre vielleicht größten Fortschritte: Verfassung, Menschen- und Bürgerrechte, allgemeines indirektes Wahlrecht und selbstverständlich die Abschaffung des Feudalsystems. Hier wurden die Grundlagen für den Rechtsstaat gelegt. Hier erfolgte ein Abschütteln des Jochs der Unterdrückung. Hier wurden politische Ideen und Institutionen eingeführt, die in die liberale Richtung weisen. Die königliche Zensur fiel weg und Frankreich war auch im formalen Sinne frei. Presse-, Meinungs- und Versammlungsfreiheit herrschten. Erschienen 1789 noch 180 neue Zeitschriften, so zählte man 1790 bereits über 130 Magazine, denen das königliche Filter nicht mehr hinderlich war. Man wollte selbst die Asche Johann Gutenbergs aus Mainz nach Paris bringen, um sie dort in einer symbolischen Geste im Pantheon aufzubewahren.

Doch dann, vermutlich durch Misserfolge, Unzufriedenheit und auch Angst vor der weiteren Entwicklung im Zusammenhang mit der Revolution und dem ersten Koalitionskrieg, kommt es zu einem erneuten Aufbrausen der Emotionen und man formiert sich zum zweiten Mal. Nur erfolgt hier ein wichtiger Bruch mit der Kontinuität. Die Revolution wird zur Angelegenheit konkreter politischer Vorstellungen bestimmter politischer Gruppierungen. Jean Paul Marat und Georges Jacques Danton tun sich hervor. Der Tuileriensturm und die Septembermorde finden statt. Die Republik wird ausgerufen. Es beginnt eine Phase der Intrigen, des Terrors und des sozial-wirtschaftlichen Chaos im ganzen Land. Am 15. Januar wird der König zum Tode verurteilt. Die Hinrichtung seiner Gattin wird am 16. Oktober durchgeführt. Es kommt zu Streikunruhen, Aufständen und politischer Verfolgung. Getreide und Mehl werden knapp, die Armen wenden sich im Dekret vom 20. Mai 1793 mit der Bitte um eine Zwangsanleihe von einer Milliarde an die Reichen, die Börse wird geschlossen, die Todesstrafe für Lebensmittelschieber und Spekulanten ausgeschrieben.

Bis es am 10. Oktober 1793 zur Institutionalisierung des Terrors kommt und die Regierung bis zum Friedensschluss für revolutionär erklärt wird. Die Revolution wird damit offiziell zum Krieg nach innen und der Krieg an der Front zur Niederlage nach außen.

Diese drei Phasen zeigen das Fehlen der verfassungsmäßigen Kontinuität, das es uns unmöglich macht, von einer schlechthin „bürgerlichen" Revolution zu sprechen. Die Französische Revolution hatte viele Gesichter. Sie war kein geschlossenes Ganzes, das als Voraussetzung für eine proletarische Revolution und die kontinuierliche Entwicklung zum Kommunismus dienen konnte.

Demgegenüber steht die Russische Revolution, der die Marxisten ebenfalls nur wenig Interesse widmen, wenn es darum geht, sie differenzierter zu sehen. Meistens wird sie in der kommunistischen Doktrin nur auf das singuläre Ereignis des Oktober 1917 reduziert, um auf diese Weise die demokratischen Entwicklungen, die nichts zu tun hatten mit der Utopie des Sozialismus-hier-und-jetzt zu verschleiern und die Machtergreifung Lenins als den eigentlichen Akt der revolutionären „Befreiung" darzustellen. Doch die Geschichte der Sowjetunion beginnt nicht im Oktober 1917, auch nicht im Februar desselben Jahres. Wollen wir sie überhaupt als ein Produkt der Revolution bezeichnen, müssen wir weit zurück und auch jene Revolutionen einbeziehen, die sich Jahrzehnte zuvor ereigneten.

Die Unzufriedenheit des russischen Volkes äußert sich vor allem in den Taten Einzelner, die zur Waffe greifen. Es ist eine Vorgeschichte der Attentate, ein Vorgeschmack auf die kommende Gewalt. Am 13. März 1881 fällt Alexander II. einem Sprengstoffanschlag der Narodnaja Wolja („Volkswillen") zum Opfer. Dies führt zur Annullierung der zuvor gebilligten Reformen des Innenministers Graf Loris-Melikov. Schulen, Universitäten, Presse und Justiz werden strengstens überwacht, die politische Polizei mit ihren Agenten und Spitzeln der Ochrana kontrollieren, was kontrollierbar ist. In der Außenpolitik knistert es ebenso, die Beziehungen zum Deutschen Reich, Österreich-Ungarn und später Japan und China sind aufgrund von geheimen Pakten und Neutralitätsabkommen ungeklärt. 1883 gründete Georgi Plechanow eine erste marxistische Gruppe, die „Befreiung der Arbeit". Es ist ein Spiel der Extreme. Der Zar unterdrückt das Volk, das Volk leidet, das Ausland erscheint feindlicher denn je und selbst erklärte Revolutionäre gießen Öl ins Feuer. Jede Seite steigert sich zum Äußersten, verschärft ihre Methoden und findet sich durch die Reaktion darauf in ihrer Meinung bestätigt. Alexander Uljanow, der Bruder Lenins, wird am 13. März 1887 wegen eines Attentatsversuchs auf Alexander III. hingerichtet. Nikolaus II. hat nicht nur mit den Zuständen in seinem Reich zu kämpfen, sondern auch mit Affären am Hof sowie den Problemen mit seinem kranken Sohn. Inzwischen formieren sich die revolutionären Kräfte. Aber ihr Konzept ist nicht ausgereift. Martow und Lenin (zu diesem Zeitpunkt noch Uljanow) gründen den „Kampfbund zur Befreiung der Arbeiterklasse".

1896 wird Uljanow auf vier Jahre nach Sibirien verbannt, von wo er mit seinem neuen Namen zurückkehrt. Die sozialdemokratischen Arbeiterparteien entstehen immer rascher und ihr Anklang wird immer größer. Die Attentate nehmen zu, unter anderem auf den Innenminister Plehwe.

1903 entbrennt der große Kampf zwischen den Menschewiki und den Bolschewiki, Martow, Plechanow und Bronstein (Trotzki) stehen Lenin gegenüber. Ähnlich wie in der Französischen Revolution machen auch hier Geistliche mit, geben sogar den ersten Anstoß. Der Priester Gapon, der schon 1904 die „Vereinigung russischer Fabrikarbeiter von St. Petersburg" gründet, demonstriert am 22. Januar 1905 vor dem Winterpalais. Die Demonstration wird vom Militär gewaltsam aufgelöst. An diesem „Blutigen Sonntag" nimmt die russische Revolution ihren Anfang in Form von revolutionären und blutigen Unruhen.

Man könnte hier vom Beginn der ersten Phase der Russischen Revolution sprechen. Entscheidend für diese Phase ist auch der spätere Eintritt Russlands in den Ersten Weltkrieg, der sich erschwerend auswirkt auf die Bewältigung der Krisen.

In der Nacht zum 27. Februar 1917 verbündet sich die Petrograder Garnison mit den Arbeitern. Die

Februarrevolution führt in Russland in die zweite Phase der Russischen Revolution. Es ist ein Wandel. Aber es herrscht ein bürgerkriegsähnlicher Zustand. Die Differenzen zwischen den einzelnen Parteien lassen nicht den großen Enthusiasmus des kollektiven Handelns aufkommen, die Aktionen bleiben Angelegenheit einzelner politischer Visionen, die parteispezifisch sind. Erst der Kornilow-Putsch am 9. September 1917 und die fünf Tage später erfolgte Ausrufung der Republik durch Kerenski bringen den Umschwung.

Die dritte Phase der Revolution, die endgültig mit allem bricht und die Revolution entsprechend ihrer eigenen Auslegung in den Stand einer Wissenschaft erhebt, steht vor der Tür. Am 25. Oktober bzw. 7. November 1917 kommt es zur Machtergreifung Lenins.

Die Französische Revolution zielte zuerst darauf ab, die sozialen, finanziellen, materiellen Probleme des französischen Volkes zu lösen. Die Monarchie und der König blieben vorerst, erst später mussten sie weichen. Die Russische Revolution richtete sich ebenso gegen das Elend und das Leid, in weiterer Folge gegen den Zaren. In Frankreich kam es allerdings zu einer Entartung der Revolution durch die Gewaltenfusion in Form des Wohlfahrtsausschusses, in Russland durch aufgezwungene Machtübernahme einer Minderheit, die von Anfang an auf eben dieses Ziel aus war. Das Ziel der Französischen Revolution war Freiheit, die Republik. Das Ziel der Oktoberrevolution war Kommunismus, die Diktatur.

Die philosophische Perspektive

Aber warum eigentlich ein Vergleich? Was bewegt uns anzunehmen, die Französische und die Russische Revolution hätten irgendetwas gemeinsam? Prinzipiell steht es jedem offen, alles mit allem zu vergleichen. Das Interesse am Vergleich der Französischen mit der Russischen Revolution hat allerdings marxistische Wurzeln.

Es waren die Wegbereiter des Marxismus und die Akteure der Oktoberrevolution, die als Erste einen Zusammenhang herstellten und diesen betonten. Die Französische Revolution erhielt so einen festen Platz in der „marxistischen" Geschichtsschreibung. Hier gilt sie als die Revolution, die das alte und überfällige Feudalsystem stürzte und an seiner Stelle das Bürgertum hervorbrachte mit seinem Klassengegensatz zwischen Bourgeoisie und Proletariat. Dieser Gegensatz sollte dann in der Revolution des Proletariats gipfeln, in der das Bürgertum beseitigt und die Diktatur des Proletariats eingesetzt wird, welche nach sukzessivem Absterben des Staates (weil der Klassengegensatz fehlt, wie Lenin in Berufung auf Engels in „Staat und Revolution" schreibt) in die klassenlose Gesellschaft übergeht. So löst eine Epoche die andere ab. „Die Revolution von 1648 war der Sieg des 17. Jahrhunderts über das 16. Jahrhundert, die Revolution von 1789 der Sieg des 18. Jahrhunderts über das 17. Jahrhundert." (Marx, Engels, „Die Bourgeoisie und die Konterrevolution", Neue Rheinische Zeitung, 10. Dezember 1848)

Der Zusammenhang zwischen den Revolutionen ist aus der kommunistischen Perspektive also ein Zusammenhang des Nachfolgeprinzips. Beide erweisen sich als Gefangene einer temporalen Irreversibilität, die erst aus der Sicht der

Oktoberrevolution retrospektiv begriffen werden kann. Daher liegt der marxistischen Betrachtungsweise daran, 1789 und Oktober 1917 in einen Zusammenhang zu bringen und beide Revolutionen als kontinuierliche Phasen einer kontinuierlichen Entwicklung zu sehen. Ein Trennen oder ein Unterbrechen dieser Entwicklung hätte weitreichende Folgen für die marxistische Lehre (es sei denn, man erklärt, dass die Oktoberrevolution von 1917 noch nicht die große Revolution war, die Marx prophezeite, eine Legitimierung, die sich ad infinitum und damit auch ad absurdum fortsetzen ließe). Das bedeutet aber, dass ein Vergleich, der dazu dient, einen Zusammenhang zwischen den beiden Revolutionen herzustellen bzw. aufrechtzuerhalten, eine Rechtfertigung der Oktoberrevolution darstellt.

Dass 1917 durch 1789 nicht zu rechtfertigen ist, zeigt, hoffe ich, das Gesagte. Dass die Oktoberrevolution aber nicht mal von der Seite des Marxismus zu rechtfertigen ist bzw. dass gerade sie am besten belegt, wie sehr sich der Marxismus irrt, darauf darf ich jetzt noch eingehen.

Einer der großen Unterschiede zwischen den beiden Revolutionen scheint darin zu bestehen, dass die Französische Revolution ihren Weg selbstständig ging, während die bolschewistische Revolution unter dem Zeichen des historischen Determinismus stand und von dieser Seite ihre Legitimierung bezog. Sie prahlte mit der Tatsache einer angeblichen Rechtfertigung und zwar einer Rechtfertigung der Gewalt, die im Verlauf der Revolution angewendet wurde, und einer Rechtfertigung des Resultats.

Die Grenzen der Gewalt in der Französischen Revolution waren fließend. Es gab keine Ideologie, zumindest keine einheitliche, die das Ausmaß und die Intensität der Gewalt bestimmte. Die Mittel wurden durch das angestrebte Ziel gerechtfertigt. Die Steigerung der Gewalt war anlassbedingt und durchlief viele Phasen, bis sie in öffentlichen

Gräueltaten gipfelte. Der erste Schlag der Gewalt richtete sich gegen den Absolutismus und wurde von Seiten des französischen Volkes geführt. Mit der Zeit allerdings, als große Persönlichkeiten sich aus der breiten Masse hervortaten, wurde die Gewalt zusehends individueller und die Bestimmung über ihre Anwendung Angelegenheit einiger weniger. Danton kommentierte diese Entwicklung am Abend des 10. März 1793: „Tun wir, was die Gesetzgebende Versammlung nicht getan hat: seien wir schrecklich, damit nicht das Volk schrecklich sein muß". Und er fügte hinzu: „… seien wir verschwenderisch mit Menschen und mit Geld." Und er fasste zusammen: „Heute abend Organisierung des Tribunals, Organisierung der exekutiven Gewalt; morgen militärische Bewegung." Damit erreichte die Französische Revolution jenen Punkt in ihrer Entwicklung, wo die Regierung eine Gewaltenfusion zuließ, sich somit über das Volk erhebte und das Volk, das vor kurzem noch der Primärträger der Revolution gewesen war, zum Spielball der Revolutionäre machte. „Indem das Volk die Gewalt in eure Hände legte", sagte Robespierre einige Zeit später. In Wirklichkeit geschah die Akkumulation der Gewalt hinter dem Rücken des Volkes bzw. direkt vor seiner Nase. Um mit Clausewitz zu sprechen, war dies die erste Wechselwirkung und die erste Steigerung zum Äußersten, allerdings auf institutioneller Basis. Die Gründung des Revolutionstribunals war der erste Schnitt, der die Fesseln der Gewalt lockerte. Gelöst wurden sie am 6. April 1793 mit der Gründung des Wohlfahrtsausschusses. Am 10. Oktober 1793 erteilte der Nationalkonvent dem Wohlfahrtsausschuss unbeschränkte Vollmacht. Der Konvent beschloss, dass die Regierung „die Revolution zum Frieden führen wird." Das bedeutet, der Wohlfahrtsausschuss stand jenseits der Gesetze, er war über sie erhaben. Damit fiel die letzte Grenze und die Gewalt konnte sich ungestört entfalten. Es gab Gegenstimmen, die auch Anklang fanden. Saint-Just sagt im Fragment über die republikanischen Institutionen: „Die Freiheit des Volkes besteht in seinem Privatleben – das laß in Ruhe. Die Regierung soll eine Kraft zum Schutz dieses Zustandes der Unbefangenheit gegen die Gewalt sein." Moralische Bedenken? Die gab es sicher. Vermutlich ist kein Revolutionär frei von solchen Empfindungen. Und doch fallen sie nicht ins Gewicht. Was entscheidet, das sind die geschaffenen Institutionen, die die Gewalt garantieren.

Im Fall der Oktoberrevolution verhielt es sich mit der Moral anders. Es war die Moral einer Ideologie, die vertreten wurde, und diese Ideologie schloss Gewalt mit ein. So sagte Lenin in „Staat und Revolution": „Die Diktatur des Proletariats ist eine Macht, die an keinerlei Gesetze gebunden ist." Stalin kommentierte dieses Zitat in „Fragen des Leninismus": „Die Diktatur des Proletariats schließt unbedingt die Gewalt ein. Ohne Gewalt gibt es keine Diktatur …"

„Uns ist alles erlaubt, denn wir sind die ersten der Welt, die das Schwert nicht zum Zwecke der Versklavung und Unterdrückung ziehen, sondern im Namen der Freiheit und der Befreiung von der Knechtschaft." („Rotes Schwert", offizielles Organ der Tscheka, 18. August 1919)

Und wie sieht es ein paar Jahre später aus, mitten in der „Diktatur des Proletariats"?

„Und wir können mit Recht stolz darauf sein, daß wir diese Säuberung viel entschiedener, erfolgreicher, viel umfassender und tiefgreifender vom Standpunkt der Einwirkung auf die Masse des Volkes, auf die breite Masse durchgeführt haben, als die Große Französische Revolution vor mehr als 125 Jahren." (Lenin, Zum vierten Jahrestag der Oktoberrevolution, am 14. Oktober 1921)

Die Gewalt in der Oktoberrevolution war eingeplant und ihr Ausmaß von vornherein festgelegt.

„In den durch Wissenschaft geschärften sowjetischen Augen ist der Jakobiner nur ein lächerlicher Kleinbürger." „Wenn Lenin seine Revolution zum Äußersten führt, beschließt er, daß das Außergewöhnliche endgültig das Gewöhnliche geworden ist." (Andre Glucksmann „Politik des Schweigens", Seite 229)

Andre Glucksmann unterscheidet in seiner „Politik des Schweigens", die er gemeinsam mit Thierry Wolton schrieb, drei Arten von Schranken, die im Verlauf einer Revolution der Gewalt gesetzt sein können: Erstens eine äußere, objektive oder transzendente Schranke, zweitens eine innere, subjektive Schranke und drittens eine Revolution, die ohne Schranken auskommt oder allenfalls über provisorische Schranken verfügt. Die Revolutionen des zweiten Typs können gut oder schlecht enden. Es sind die Revolutionen des französischen Modells. Die sowjetische Revolution kann zum dritten Typus gerechnet werden, denn sie wird nur dann als schlecht betrachtet, wenn sie unterbrochen wird. Das Argument lautet: Erfolgt eine Verminderung der Gewalt, wird mit Gewalt gespart, so verzichtet man auf die allerletzte Konsequenz und letztlich auf den Erfolg der Revolution. So kommt es auch, dass sich manche Anhänger des Marxismus bei ihrer Rechtfertigung der klassenlosen Gesellschaft in Anbetracht der desolaten wirtschaftlichen und sozialen Zustände des heutigen sowjetischen Systems in die Position flüchten, in der Oktoberrevolution sei die Gewalt nicht in ihrem vollen Ausmaß angewendet worden, sodass es konterrevolutionären Elementen möglich war, die Revolution in eine falsche Richtung zu lenken. Es ist dies ein menschenverachtendes Spiel mit der Wahrscheinlichkeit. Wie Popper sagt: „Eine gewaltsame

Revolution, die mehr versucht als die Zerstörung der Tyrannei, kann ihre wirklichen Ziele erreichen; aber mit zumindest gleicher Wahrscheinlichkeit kann sie in eine neue Tyrannei einmünden."

Die Oktoberrevolution berief sich auf die Gewalt und zwar auf die unbegrenzte Gewalt. Auf diese Weise rechtfertigte sie ihren Verlauf. Sie versuchte dadurch auch ihr Resultat zu rechtfertigen.

Wenn man zurückblickt, sieht man viele Opfer. Und wenn man den Blick in der Gegenwart schweifen lässt, bietet sich das gleiche Bild. Viele westliche Sozialisten vertreten deshalb die Ansicht, der Sozialismus von heute sei kein Sozialismus und die Revolution sei einfach nur schiefgelaufen (müssen sie, sonst wäre das ökonomische, soziale und politische Desaster sowie der sowjetische Expansionismus der „brüderlichen Hilfe" marxistisch nicht zu erklären). Das falsche Resultat sei auf die falschen Leute zurückzuführen, nicht auf die falsche Theorie. In diesem Zusammenhang wird gern Stalin angeführt. Die Erwähnung der Bösen von gestern trübt den Blick auf die Bösen von vorgestern und verschleiert den Blick auf die Bösen von heute. Zusätzlich argumentiert man, es seien die Bedingungen für eine kommunistische Revolution im zaristischen Russland 1917 nicht gerade günstig gewesen. Ja, das waren sie in der Tat nicht. Aber gerade deshalb stellt sich die Frage nach der Qualität der Theorie.

Marx sprach von der Revolution, in der das Proletariat die Bourgeoisie stürzt und aus der die klassenlose Gesellschaft hervorgeht. Das trat nicht ein. Wer versucht, die Theorie zu retten, indem er Lenins Marxismus anzweifelt oder die Zustände der Zeit oder was auch immer, sucht nur die Ausrede, um die ideologische Sackgasse zu rechtfertigen. Eine Reinwaschung ist aber nicht möglich. Die falsche Theorie führte zu einer schlechten Praxis. Der Marxismus ist eine totale Ideologie und führt deshalb in den Totalitarismus. So hat Michail Gorbatschow leider und unabsichtlich recht, wenn er in seinem Buch „Perestroika" über den Fortschritt seines Landes schreibt: „Er ist das Ergebnis der Revolution. Er ist die Frucht des Sozialismus, des neuen Gesellschaftssystems, und das Resultat der historischen Entscheidung, die unser Volk getroffen hat." Nur war dieser Fortschritt ein Niedergang und das Volk wurde nach seiner Meinung nicht mal gefragt.

Es gibt Ähnlichkeiten und Unterschiede zwischen der Französischen und der Oktoberrevolution. Aber von Gemeinsamkeiten in dem Sinn zu sprechen, wie es die Oktoberrevolution tut, wenn sie ihren Ursprung und ihre geschichtliche Bedeutung rechtfertigt, ist nicht angebracht. Denn ihrem Wesen nach sind beide Revolutionen verschieden. Die Französische Revolution schuf in ihren Anfängen die Grundlage für den liberalen Rechtsstaat. Sie orientierte sich an der Philosophie der Aufklärung, sie wollte Demokratie. Die bolschewistische Machtergreifung brachte den Marxismus-Leninismus ins Spiel und wollte und führte zur Diktatur. Zwischen den beiden Revolutionen gibt es keine Verbindung außer der Berufung der Oktoberrevolutionäre auf die Französische Revolution, um ihre Aktion zu rechtfertigen.

MAX WEBERS PROTESTANTISMUS-KAPITALISMUS-THESE

Vorwort

Die vorliegende Arbeit schrieb ich während meines Philosophiestudiums an der Universität Wien 1990.

Es ist eine kleine Arbeit, auch von ihrer Intention her. Ich stelle Max Webers Protestantismus-Kapitalismus-These vor und erkläre sie. Zum Teil mit seinen, zum Teil mit meinen Worten. Wer sich heute über dieses Thema informieren will, kann es auf Wikipedia nachlesen oder – noch besser – direkt bei Max Weber. Das war damals nicht so einfach. Was an dieser Arbeit vielleicht interessant ist, das ist, dass ich darin auch die Kritik an Max Weber beschreibe, auf die Max Weber selbst kritisch reagierte. Ich stelle auch dar, wie seine These meiner Meinung nach in den größeren geschichtlichen und theoretischen Kontext eingebettet ist, hoffentlich übersichtlich. Meine Anmerkungen, die stellenweise ausführlicher sind, setzte ich in Klammern, um sie als solche zu kennzeichnen.

Behandelt wird die Entstehung der These mit ihrem Hintergrund und dem konkreten Anlass, der Fragen hinsichtlich der statistischen Wirklichkeit und der Interpretation religiöser bzw. konfessioneller Lehren aufwirft. Die These selbst wird anhand von Webers Aufsatz vorgestellt und entfaltet, von Luther über die Berufsethik des asketischen Protestantismus, insbesondere Calvin, bis zur innerweltlichen Askese und Methodisierung des Lebens bei John Wesley und Richard Baxter.

Anschließend kommt die Kritik. Diese ist vielleicht nicht zeitgemäß in dem Sinn, dass sie keine neuen Publikationen berücksichtigt. Aber ich glaube, dass sie die wesentlichen Punkte zusammenfasst, damit man sich selbst eine Meinung bilden kann, und sie ist interessant, weil Weber auf sie reagierte.

Ich halte Webers These übrigens für einleuchtend, zumindest zum Teil, zumindest wenn man ihren Anspruch versteht, den ich so interpretiere, dass wir erst einmal alles auf den Tisch legen und es uns anschauen. Selbst wenn man sie ablehnt, öffnet uns ihr Studium die Augen für ein besseres und tieferes Verständnis sowohl des Protestantismus als auch des Kapitalismus und zusätzlich der soziologischen Methode.

So ging es zumindest mir. Wer Max Weber liest, lernt dazu. Wie wohltuend er sich dadurch von anderen Autoren unterscheidet, erkennt man unter anderem an der Auseinandersetzung mit dem Marxismus, die hier allerdings nur kurz stattfindet und die zeigt: Max statt Marx.

Max Weber ist ein Beispiel für ein wissenschaftliches Arbeiten, das offen ist und offen bleibt, sich mit allem beschäftigt und möglichst viele Aspekte zusammenträgt, um sie in ihrer Vielfalt zu betrachten. Ein Zugang, der sehr sympathisch und konstruktiv ist.

Entstehung

Max Webers „Die protestantische Ethik und der Geist des Kapitalismus" erschien im Jahr 1905. Herausgegeben wurde der Aufsatz im Archiv für Sozialwissenschaften und Sozialpolitik. Seit 1920 findet er sich als erste Abhandlung in den „Gesammelten Aufsätzen zur Religionssoziologie", zu deren Mitbegründern Max Weber zählt. Der Aufsatz umfasst 188 Seiten und ist in zwei Kapitel unterteilt: „Das Problem" und „Die Berufsethik des asketischen Protestantismus". Gefolgt wird der Aufsatz von einer Abhandlung über „Die protestantischen Sekten und den Geist des Kapitalismus", die sich speziell mit der Auswirkung und der Realität des religiösen Einflusses auf die Berufsethik in den USA beschäftigt. Max Weber selbst sah in diesem hinzugefügten Aufsatz eine gute Ergänzung für die Vollständigkeit der Formulierung seiner These.

Gewidmet ist die „Protestantische Ethik" Marianne Weber, der Autorin und Ehefrau Max Webers, mit den Worten „bis ins Pianissimo des höchsten Alters".

Diese Ausgabe wurde 1930 von Talcott Parsons ins Englische übersetzt („The Protestant Ethic and the Spirit of Capitalism"). Parsons, der vermutlich am stärksten die Interpretation des Weber'schen Werkes in Amerika beeinflusste, nahm den letzten, ergänzenden Aufsatz über die protestantischen Sekten nicht in seine Übersetzung auf.

Die These war bereits zur Zeit ihrer Entstehung und Publikation sehr umstritten und wurde heftig diskutiert. Das Erscheinen der „Ethik" brachte Weber mit einem Schlag den Weltruf (Johannes Winckelmann). Die meisten Historiker, die sich mit der These beschäftigten, lehnten sie ab. Bei den Theologen fand sie zustimmende Annahme. Sie übte großen Einfluss insbesondere auf Ernst Troeltsch aus, der sich zusammen mit Weber um die Begründung der Religionssoziologie in Deutschland verdient machte.

Zu den Vertretern der Protestantismus-These gehören unter anderem Hans von Schubert, Franz Xaver von Funk, Heinrich Hermelink, Carl Heinrich Becker, in gewisser Weise auch Richard Henry Tawney. Zu den Kritikern zählen beispielsweise Werner Sombart, ganz strikt abgelehnt wurde die These von Karl Fischer, Felix Rachfahl, Lujo Brentano, Georg von Below, Henri Pirenne, H. M. Robertson und Gordon Walker.

Die Vorläufer Webers, auf deren Arbeiten er sich entweder stützte oder die zumindest Ähnliches zum gleichen Thema gesagt hatten, waren: Nikolai Melgunov, Emile de Laveleye, Matthew Arnold, John Keats und Henry Thomas Buckle („Die Rolle der Religion in Schottland"), zum Teil auch schon Voltaire, der die Bemerkung machte, es gäbe keine Armen unter den Quäkern in England und den Mennoniten in Holland.

Um die Bedeutung dieses Aufsatzes besser zu verstehen, muss man sich ihn im Kontext des gesamten religionssoziologischen Werkes Webers vorstellen. Er ist als Einleitung gedacht, die zugleich mit der Methode, der Vorgangsweise vertraut machen soll. So wie sich Weber hier dem Protestantismus nähert, wird er sich später anderen Religionen zuwenden.

Er selbst war Protestant, allerdings „religiös unmusikalisch", wie er sagte. „Max Weber plante ursprünglich seine Überlegungen auf andere Gebiete auszuweiten und später in umgekehrter Richtung die Beziehungen zwischen Religion und anderen Aspekten der Kultur, vornehmlich ökonomischen Einstellungen, Praktiken und Institutionen zu untersuchen". (Ephraim Fischoff)

Es ist also bereits in dieser Abhandlung der Grundstein für ein Gebäude gelegt, das groß werden soll. Die Intention Webers ist umfassend und dient einer kulturellen Analyse, die möglichst alle Aspekte des Sozialen und Historischen berücksichtigt.

Marianne Weber sprach von einer „monströsen Form dieser Abhandlung". Dennoch war es ausgerechnet Max Weber, der „größte Deutsche unseres Zeitalters", der sich vor allzu großen, anmaßenden philosophischen Systemen scheute und der Zeit seines Lebens außer Aufsätzen und Abhandlungen in Zeitschriften kein einziges Buch veröffentlichte, sondern im Fragmentarischen stecken blieb, wie ihn Karl Jaspers in seiner Gedenkrede beschreibt. „Das Ganze und Absolute war ihm nicht Gegenstand, er sträubte sich intensiv gegen das philosophische System ..." (Karl Jaspers „Max Weber", Seite 38) Jaspers bringt auch das Anliegen Webers auf den Punkt: „Max Webers zentrale Frage, auf die man alle seine religionssoziologischen Untersuchungen beziehen kann, ist: warum haben wir bei uns im Abendlande Kapitalismus?"

Weber beschreibt selbst den Anlass für diese Fragestellung: „Ein Blick in die Berufsstatistik eines konfessionell gemischten Landes pflegt mit auffallender Häufigkeit eine Erscheinung zu zeigen, welche mehrfach in der katholischen Presse und Literatur und auf den Katholikentagen Deutschlands lebhaft erörtert worden ist: den ganz vorwiegend protestantischen Charakter des Kapitalbesitzes und Unternehmertums sowohl, wie der oberen gelernten Schichten der Arbeiterschaft, namentlich aber des höheren technisch oder kaufmännisch vorgebildeten Personals der modernen Unternehmungen." (Max Weber „Die protestantische Ethik und der Geist des Kapitalismus" in „Gesammelte Aufsätze zur

Religionssoziologie I", Mohr Siebeck Verlag, Tübingen, UTB)

Max Weber stand vor einer Tatsache. Der Sachverhalt war der, dass es eine statistische Korrelation zwischen der Konfession und der Wirtschaft gab. Länder, die vorwiegend protestantisch waren, so zum Beispiel Deutschland, Holland, England oder die USA, wiesen eine enorme ökonomische Potenz im Vergleich zu wirtschaftlich schwächeren katholischen Ländern auf. Auch innerhalb der Staaten kam es zu einer sozialen Teilung, die dem religiösen bzw. konfessionellen Bekenntnis nach in einem Zusammenhang mit der jeweiligen Religion bzw. Konfession stand.

Die Absicht, mit der sich Weber an die Formulierung seiner These machte, war die Erklärung dieses Sachverhalts, eines Phänomens, das schon vor ihm bemerkt worden war.

Die Beantwortung der Frage, wie ausgerechnet Protestanten zu mehr Reichtum als Katholiken kommen, war zunächst eine historische. Im 16. Jahrhundert hatten sich gerade die reichsten, durch Natur oder Verkehrslage begünstigten und deshalb wirtschaftlich am meisten entwickelten Gebiete des Reiches dem Protestantismus zugewandt. So profitierte zuerst nicht die Wirtschaft von den Protestanten, sondern umgekehrt die Protestanten von der Wirtschaft. Nicht die konfessionelle Zugehörigkeit war die Ursache ökonomischer Erscheinungen, sondern vielmehr ihre Folge.

Allerdings stellt sich gerade hier die Frage: „welchen Grund hatte diese besonders starke Prädisposition der ökonomisch entwickeltsten Gebiete für eine kirchliche Revolution?" (Weber)

Wir sehen in der Geschichte immer wieder, dass sich Minderheiten wirtschaftlich durchsetzen. Oft ist ihnen die Möglichkeit der politischen Betätigung entzogen und so bleibt ihnen zumindest der Bereich des Ökonomischen, könnte man argumentieren. Das Interessante jedoch ist, dass von einer solchen Wirkung bei den Katholiken in Deutschland oder anderswo zu anderen Zeiten nichts zu merken ist, zumindest nichts in die Augen Fallendes, wie sich Weber ausdrückt. „Der Grund des verschiedenen Verhaltens muß also der Hauptsache nach in der dauernden inneren Eigenart und nicht nur in der jeweiligen äußeren historisch-politischen Lage der Konfessionen gesucht werden." (Weber)

Das ist der Schritt, der Weber genau in die Mitte der religiösen Auseinandersetzung bringt. Anhand von Texten und Bibelexegese verschiedener Theologen und Bibelinterpreten versucht er, dem Geheimnis des Zusammenhangs zwischen Religion und Wirtschaft auf die Spur zu kommen. „Soll überhaupt eine innere Verwandtschaft bestimmter Ausprägungen altprotestantischen Geistes und moderner kapitalistischer Kultur gefunden werden, so müssen wir wohl oder übel versuchen, sie nicht in dessen (angeblicher) mehr oder weniger materialistischer oder doch anti-asketischer 'Weltfreude', sondern vielmehr in seinen rein religiösen Zügen zu suchen." (Weber)

Dabei haben wir es zuerst mit einem offensichtlichen Widerspruch zu tun. Eine Religion, die jenseits orientiert ist, nach einem Reich sucht, das nicht von dieser Welt ist und auf die Überwindung der Verlockungen und Verführungen des Diesseits hinausläuft, kann doch schwerlich etwas mit Reichtum zu tun haben. Dafür lassen sich Belege aus der Bibel anführen ebenso wie Beispiele aus der Praxis. Wenn sich in der Geschichte des Christentums Gruppierungen dazu entschlossen, zu den Ursprüngen zurückzukehren, entledigten sie sich oft des weltlichen Besitzes und das könnte man auch auf den Protestantismus beziehen. Man kann zwar einwenden, der Protestantismus sei individueller und freier, was die Interpretation anbelangt, als der Katholizismus. Aber auch der Protestantismus war eine Bewegung, die sich in ihrer Sicht auf die ursprünglichen christlichen Ideale bezog und die Hierarchie und Bürokratie von Ämterkauf bis Ablass kritisierte. Der Individualismus dürfte also kaum als Erlaubnis missverstanden worden sein, zu tun, was man will, und man könnte entsprechend argumentieren, dass die christlichen Ideale, die verknüpft sind mit der Absage an weltlichen Ruhm und Reichtum, gerade hier dazu hätten führen können, dass die Protestanten wirtschaftlich eher zurückbleiben.

Dem entgegen stehen Aussagen wie der paulinische Satz „Wer nicht arbeiten will, soll auch nicht essen" oder „ein Träger oder Fauler kann kein Christ sein und selig werden", die Weber anführt (auch wenn er Paulus nicht korrekt zitiert und das Wort „will" auslässt, soweit ich das sehe, und das zweite Zitat den Mormonen zuschreibt und darauf hinweist, dass es ihm nicht vorliegt).

Wie es scheint, ist dieser Widerspruch – es lassen sich Pro- und Contra-Argumente anführen – in der Praxis zugunsten des diesseitigen Reichtums und Wohlergehens entschieden worden. Ob es sich aber wirklich so verhält und wenn ja, mit Hilfe welcher Mittel, welcher Interpretationen, kann man am besten unter Berufung auf Weber selbst skizzieren.

These

Der Kapitalismus ist für Max Weber etwas spezifisch Okzidentales (siehe „Vorbemerkung"), er ist ein Produkt des Abendlandes. Nicht aus dem Grund, weil das Abendland die Profitgier oder das Gewinnstreben in besonderem Maße institutionalisiert hätte, weil es sein historisches Charakteristikum wäre, sondern aus dem Grund, weil die Tradition des Okzidents die der Rationalität ist.

Weber wehrt sich dagegen, Kapitalismus mit bloßem Erwerbsstreben zu welchen Zwecken auch immer gleichzusetzen. Diese Form von Kapitalismus findet sich überall, zu jeder Zeit. (Übrigens, wie ich anmerken möchte, selbstverständlich auch in sozialistischen oder kommunistischen Wirtschaften, denn auch diese haben den Imperativ des Gewinnmachens, sogar noch mehr als andere, weil ihre Ideologie die Ökonomie zu einem tragenden Prinzip erhebt, nur beschreiten sie andere institutionalistische Wege, um den Profit zu erreichen, was ihnen aber nicht gelingt). Der Kapitalismus um des Profit willens ist also nichts Kulturspezifisches, vielmehr etwas Suprakulturelles bzw. ein jenseits der kulturellen Bedingungen stehendes Phänomen.

Das, was Weber als Kapitalismus bezeichnet, ist eine Sache des Abendlandes und zwar des Abendlandes im 19. und 20. Jahrhundert. Es ist eine neue Errungenschaft, ein Novum auf der gesamten Welt überhaupt.

„Kapitalismus kann geradezu identisch sein mit Bändigung, mindestens mit rationaler Temperierung dieses irrationalen Triebes." (Weber)

Der Kapitalismus, den Max Weber meint, hat nichts zu tun mit Abenteurertum. Wodurch er sich auszeichnet, ist eben sein Wesenszug der Rationalität, der Ordnung. Die

Keimzelle des Kapitalismus ist der rationale, moderne, organisierte und durchstrukturierte Betrieb.

(Eine solche Rationalität äußert sich übrigens bereits in der griechischen Philosophie und Politik der Antike mit ihrem Logos statt Mythos und der Demokratie unter Perikles, dessen Herrschaft insofern eine rationale war, weil er selbst unter den Gesetzen stand, auch wenn sein Herrschaftsanspruch traditionell – nach Max Weber – legitimiert war als Nachkomme der Alkmaioniden. Ein weiteres Beispiel und eine Verbindung aus Philosophie und Politik wäre Sokrates, wie er von Platon in der Apologie dargestellt wird, wo er sich den Gesetzen unterwirft, weil er sich bereits durch seine Bürgerschaft mit eben diesen einverstanden erklärt hatte, auch wenn er die richterliche Entscheidung für falsch erachtet. Auch im Christentum finden wir die Idee der Rationalität entfaltet, wie unter anderem Rudolf Otto in „Das Heilige: Über das Irrationale in der Idee des Göttlichen und sein Verhältnis zum Rationalen" ausführt: „Für jede theistische Gottesidee überhaupt, ausnehmend und überragend aber für die christliche, ist es wesentlich, dass durch sie die Gottheit in klarer Bestimmung gefaßt und bezeichnet werde mit Prädikaten wie Geist, Vernunft, Wille, zwecksetzender Willer, guter Wille, Allmacht, Wesenheit, Bewußtheit und ähnlichen, und daß sie somit zugleich gedacht werde … wollen wir einen Gegenstand der einer solchen begrifflichen klaren Denkarbeit fähig ist rational nennen, so ist das in diesen Prädikaten beschriebene Wesen der Gottheit als ein rationales zu bezeichnen, und eine Religion, die sie anerkennt und behauptet ist insofern eine rationale Religion … Und mindestens vom Christentum ist das Wort Fausts nicht wahr: 'Gefühl ist alles, Name Schall und Rauch'". Dass die Rationalität sich zu Beginn des 19. Jahrhunderts in unserem Denken endgültig durchsetzten und somit auch die

Entwicklung des modernen Kapitalismus im Sinne Webers ermöglichte, dafür ist unter anderem eben Goethes Faust ein Beispiel. In den Faust-Bearbeitungen vor Goethe war die Wette zwischen Mensch und Teufel eine zeitlich beschränkte, bei Goethe wird sie rational von den Konditionen ihrer Erfüllung abhängig.)

Doch um die Einwirkung der Religion zu verstehen, dürfen wir nicht beim Kapitalismus als Organisationsform des modernen Betriebs stehen bleiben, sondern müssen nach den ethischen, moralischen Spuren suchen, die dieser rationale Kapitalismus in unserem Denken und Fühlen hinterlässt. So lassen sich Religion und Wirtschaft auf eine Ebene bringen, auf der sie sich vergleichen lassen. Deshalb spricht Max Weber vom „Geist des Kapitalismus", und er charakterisiert ihn am Beispiel von Benjamin Franklin („Necessary hints to those that would be rich"):

„Bedenke, daß die Zeit Geld ist … Bedenke, daß Kredit Geld ist … Bedenke, daß Geld von einer zeugungskräftigen und fruchtbaren Natur ist. Geld kann Geld erzeugen und die Sprößlinge können noch mehr erzeugen und so fort."

Weber kommentiert diese Zeilen: „Es ist nicht nur Geschäftsklugheit, was da gelehrt wird – dergleichen findet sich auch sonst oft genug – es ist ein Ethos, welches sich äußert, und in eben dieser Qualität interessiert es uns."

Weber geht es um die Mentalität, die neben dem modernen Kapitalismus steht und mit ihm auszukommen versteht. „Kapitalismus hat es in China, Indien, Babylon, in der Antike und im Mittelalter gegeben. Aber eben jenes eigentümliche Ethos fehlte ihm …" „Der Gelderwerb ist – insofern er in legaler Weise erfolgt – innerhalb der modernen Wirtschaftsordnung das Resultat und der Ausdruck der Tüchtigkeit im Beruf …" Es geht Weber also um die Berufspflicht, um eine „Sozialethik" der kapitalistischen Kultur.

Er verweist darauf, dass die Habgier des chinesischen Mandarins, des altrömischen Aristokraten und des modernen Agrariers jeden Vergleich aushält. Sie sind gleichwertig und unterscheiden sich nicht. Hier liegt nicht der Unterschied zwischen kapitalistischem und präkapitalistischem Geist. „Die universelle Herrschaft absoluter Skrupellosigkeit der Geltendmachung des Eigeninteresses beim Gelderwerb war gerade ein ganz spezifisches Charakteristikum solcher Länder, deren bürgerlich-kapitalistische Entfaltung – an Maßstäben der okzidentalen Entwicklung gemessen – 'rückständig' geblieben war." „Den rücksichtslosen, an keine Norm innerlich sich bindenden Erwerb hat es zu allen Zeiten der Geschichte gegeben, wo und wie immer er tatsächlich überhaupt möglich war."

Das Besondere am modernen Kapitalismus ist auch seine konträre Position zum Traditionalismus. Wie Max Weber an einem Beispiel demonstriert: „Der Mehrverdienst reizte ihn weniger als die Minderarbeit; er fragte nicht, wieviel kann ich am Tag verdienen, wenn ich das mögliche Maximum an Arbeit leiste, sondern: wieviel muss ich arbeiten, um denjenigen Ertrag zu verdienen, den ich bisher einnahm und der meine traditionellen Bedürfnisse deckt?"

Hier betritt der Geist des Kapitalismus die Geschichte also mit einer neuen, großen Aufgabe.

Der moderne Unternehmer ist nach Weber mit „ausgeprägten, ethischen Qualitäten" ausgestattet, mit festem Charakter, Klarheit des Blickes, Tatkraft, dem unentbehrlichen Vertrauen, das die Kunden in ihn setzen und das er sich erkämpfen muss, mit Spannkraft zur Überwindung der ungezählten Widerstände etc. Das alles ist mit bequemem Lebensgenuss unvereinbar und verlangt einen starken Ethos.

Die Unternehmer der neuen Art, mit dem Geist des Kapitalismus in ihren Herzen, sind in „harter Lebensschule aufgewachsene, wägend und wagend zugleich, vor allem aber nüchtern und stetig, scharf und völlig der Sache hingegebene Männer mit streng bürgerlichen Anschauungen und 'Grundsätzen'".

Das heißt, es steckt ein gewisser Idealismus hinter der Arbeit eines Unternehmens, ein Geist, ohne den die langwierige Arbeit des Geldverdienens nicht möglich wäre und die, da ihre Ziele andere sind, über die bloße Bedarfsdeckung hinausgehend, dem Traditionalismus entgegengesetzt ist. Und eben dieser Geist ist der „Geist des Kapitalismus".

Der Erste, den Weber im Zusammenhang mit seiner These erwähnt, ist Martin Luther. Als Quelle ist er für Weber nicht besonders ergiebig, da er sich nie umfassend und systematisch zu diesem Thema äußerte. Von theologischer Bedeutung hier ist die sogenannte „Zwei-Reiche-Lehre", mit der er ein Paradoxon aufwirft, dass nämlich die Obrigkeit in Gottes Willen begründet sei und dennoch böse sein kann. („Mit dem Evangelium lässt sich die Welt nicht regieren." Luther) Wegen seiner Unterscheidung der beiden Regimente und den daraus resultierenden Verhaltensempfehlungen wurde Luther der Vorwurf gemacht, er hätte sich auf die Seite der Obrigkeit geschlagen. Und tatsächlich konnte seine Lehre als Fundament für die Legitimation des preußisch-deutschen Machtstaates herhalten. (Engels kritisierte ihn in diesem Zusammenhang im „Deutschen Bauernkrieg", indem er ihn als ein Mitglied der „bürgerlich-gemäßigten lutherischen Reform" charakterisierte, die die Interessen des niederen Adels, der Bürgerschaft und eines Teils der weltlichen Fürsten vertrat und sich dadurch größere Unabhängigkeit vom Reich erhoffte. Ihm gegenüber stellte Engels Thomas

Münzer als den entschlossenen Revolutionär, der sich an die Seite der Unterdrückten, der geschichtlichen Proletarier stellte und zu dessen Vorläufern er die Taboriten zählte.)

Die Stelle, an der Weber ansetzt, ist die Berufskonzeption bei Luther. Er übersetzte bei seiner Bibelübersetzung zwei unterschiedliche Begriffe mit dem Wort „Beruf": Beruf als weltliche Arbeit, also das, was wir unter Beruf verstehen, und Beruf im Sinne der Berufung zum ewigen Heil durch Gott, wie sie sich bei Paulus findet. (1. Kor. 1,26: „Denn seht, eure Berufung, Brüder ...") „Beruf" in unserem heutigen weltlichen Sinn, wenn wir so wollen, existierte im damaligen Sprachgebrauch der deutschen Sprache nicht. Die Ausdrücke, die verwendet wurden, waren zum Beispiel „Arbeit" oder „Ruffunge". Luther, das hebt Weber hervor, war also der Erste, der beide Ausdrücke zusammenfasste unter der gemeinsamen Bezeichnung „Beruf".

Karl Fischer, ein Kritiker Webers, wirft ihm vor, dass sich der Geist der Bibelübersetzung in diesem Fall der geläufigen Ausdrucksweise angepasst habe. Weber widerspricht diesem Vorwurf. Zuerst, so Weber, entwickelte Luther die Ansicht, „die weltliche Arbeit, obwohl von Gott gewollt, zum Kreatürlichen, sie ist die unentbehrliche Naturgrundlage des Glaubenslebens, sittlich an sich indifferent wie Essen und Trinken." Doch mit der Zeit nimmt die Bedeutung des Berufs in der lutherischen Interpretation ab. „Die mönchische Lebensführung ist nun nicht nur zur Rechtfertigung vor Gott selbstverständlich gänzlich wertlos, sondern sie gilt ihm auch als Produkt egoistischer, den Weltpflichten sich entziehender Lieblosigkeit. Im Kontrast dazu erscheint die weltliche Berufsarbeit als äußerer Ausdruck der Nächstenliebe ..." Doch spricht Weber auch davon, dass Luther im Laufe der Zeit „immer traditionalistischer geworden" sei. „Der Beruf ist das, was der Mensch als göttliche Fügung hinzunehmen, wobei er sich 'zu schicken' hat ..." Man sieht die Zweideutigkeit, die eine Aufwertung des Berufes im weltlichen Sinne mit sich bringt. Doch Luthers Berufskonzeption wird von Max Weber nur als Übergang zum eigentlichen Thema gebraucht, zu der Berufsethik des asketischen Protestantismus.

Max Weber: „Die geschichtlichen Träger des asketischen Protestantismus sind in der Hauptsache viererlei: 1. der Calvinismus in der Gestalt, welche er in den westeuropäischen Hauptgebieten seiner Herrschaft im Lauf insbesondere des 17. Jahrhunderts annahm; 2. der Pietismus; 3. der Methodismus; 4. die aus der täuferischen Bewegung hervorgewachsenen Sekten."

Der Zusammenhang zwischen Protestantismus und Kapitalismus, falls er bei Luther in seinen Ansätzen durch die Interpretationsambivalenz nicht ganz erkennbar war, tritt bei Calvin deutlich hervor. Die Arbeit wird nun nicht mehr als bloße Lebensgrundlage des Kreatürlichen gesehen, die die Bedingung für den Glauben und ein christliches Leben darstellt, sie ist, wie alles auf der Welt, von Gott gewollt. Sie soll nicht nur akzeptiert werden, sie ist vielmehr ein asketisches Mittel, eine Möglichkeit für den Christen, den Ruhm und die Ehre Gottes zu steigern.

„Die soziale Arbeit des Calvinisten in der Welt ist lediglich 'in majorem gloriam Dei'." (Weber) „Die Welt ist dazu – und nur dazu – bestimmt: der Selbstverherrlichung Gottes zu dienen, der erwählte Christ ist dazu – und nur dazu – da, den Ruhm Gottes in der Welt durch Vollstreckung seiner Gebote an seinem Teil zu vermehren." „Die Nächstenliebe äußert sich ... in erster Linie in Erfüllung der durch die lex naturae gegebenen Berufsaufgaben, und sie nimmt dabei einen eigentümlichen sachlich-unpersönlichen Charakter an: den eines Dienstes an der rationalen Gestaltung des uns umgebenden gesellschaftlichen Kosmos ... welcher ja nach der Offenbarung der Bibel und ebenso nach der natürlichen Einsicht augenscheinlich darauf zugeschnitten ist, 'dem Nutzen' des Menschengeschlechtes zu dienen, läßt die Arbeit im Dienst dieses unpersönlichen gesellschaftlichen Nutzens als Gottes Ruhm fördernd und also gottgewollt erkennen." (Weber)

Der Ausgangspunkt bei Calvin, an dem Weber ansetzt, ist die seiner Theologie zugrunde liegende Lehre von der Prädestination. Die Prädestinationslehre geht davon aus, dass die Menschen bei ihrer Geburt entweder für den Himmel oder die Hölle bestimmt sind. Ihr Schicksal ist determiniert, der Ausgang festgelegt, Rettung oder Verdammung, der Mensch kann darauf keinen Einfluss nehmen. Dieser Prädestinationsgedanke ist ein schwieriger und umstrittener, weil er die Autonomie des Menschen einschränkt und sich mit der Rationalität der theologischen Forschung schwertut. (Die Prädestination „ist vom Boden des Rationalen aus das ad absurdum und skandalon schlechthin", sie wird dem Rationalisten „immer der härteste Stein des Anstoßes sein." Rudolf Otto) Einen möglichen Hinweis auf Prädestination finden die Anhänger bei Paulus (Röm. 9,15–16) und in der Patristik bei Augustinus. Die Lehre von der doppelten Prädestination als Vorherbestimmung zur Verdammung oder zum ewigen Heil wurde insbesondere von Calvin aufgenommen.

Für Max Weber sind bei seiner Untersuchung vor allem zwei Konsequenzen der Prädestinationslehre von Bedeutung. Erstens führt die Prädestinationslehre zum „absoluten Fortfall kirchlich-sakramentalen Heils". Dieser Aspekt ist im Luthertum noch keineswegs so ausgeprägt und bildet gegenüber dem Katholizismus das „absolut entscheidende". Das Beten, das Tun guter Werke, die Sakramente usw., das alles kann eine repräsentative

Funktion haben, man kann auf diese Weise Gott verehren, aber man kann sich damit nicht um sein eigenes Heil verdient machen. Denn ob man in den Himmel oder in die Hölle kommt, das steht bereits fest und ist nicht von unserem Handeln abhängig. Weber spricht hier von einer „Entzauberung des Sakralen", die zu einer „Sublimation des Ritualismus zur Gesinnungsreligiosität" führt. Zweitens stellt die Prädestinationslehre, wenn man sie konsequent zu Ende denkt, die Frage nach der Gnadengewissheit. Man kann vielleicht keinen Einfluss auf seine Vorbestimmung nehmen, aber man will dennoch wissen, wie es darum steht. Die einzige Möglichkeit, Gnadengewissheit zu erlangen, ist, sich den Glauben zu bewahren. Man kann zwar nicht sagen, ob man erwählt ist, aber man merkt, ob man verdammt ist, wenn einem der Glaube fehlt. Somit wird der subjektive, intensive Glaube an Gott zum Zeichen der Gnade. „Die Erwählten unterscheiden sich in diesem Leben äußerlich in nichts von den Verworfenen und auch alle subjektiven Erfahrungen der Erwählten sind auch bei den Verworfenen möglich, mit einziger Ausnahme jenes 'finaliter' beharrenden gläubigen Vertrauens." (Weber)

Das heißt, der Christ muss versuchen, sich seinen Glauben zu bewahren. Er kann nichts an der Realität seiner Prädestination ändern, aber intensiver Glaube wird ihm zum Zeichen der Gnadengewissheit – und regt nicht so auf. „Es wird einerseits schlechthin zur Pflicht gemacht, sich für auserwählt zu halten und jeden Zweifel als Anfechtung des Teufels abzuweisen, da ja mangelnde Selbstgewißheit Folge unzulänglichen Glaubens, also unzulänglicher Wirkung der Gnade sei." „Und andererseits wurde, um jede Selbstgewißheit zu erlangen, als hervorragendstes Mittel rastlose Berufsarbeit eingeschärft. Sie und sie allein verscheuche den religiösen Zweifel und gebe die Sicherheit des Gnadenstandes." (Weber) Das bedeutet, der Christ musste sich dessen bewusst sein, er musste annehmen, dass Gott in ihm wirkt (operatur), dass sein Handeln das Handeln Gottes sei. Er musste seinen Glauben stärken, um Gnadengewissheit zu erlangen.

Aber was tut man, um einen starken Glauben zu haben, wie muss man leben, um sich seinen Glauben zu erhalten? Die Antwort hier würde lauten, dass man ein gutes Leben anstreben sollte, damit man nicht zweifelt. Der Erfolg im Beruf kann als Gnadenzeichen gewertet werden. „So ungeeignet also gute Werke sind, als Mittel zur Erlangung der Seligkeit zu dienen, so unentbehrlich sind sie als Zeichen der Erwählung. Sie sind technische Mittel, nicht die Seligkeit zu erkaufen, sondern: die Angst um die Seligkeit loszuwerden." (Weber)

Ein solcher Bewährungsgedanke verlangt vom Christen eine Methodisierung seines Leben. Calvin zum Beispiel soll ein Tagebuch über seine guten Taten und seine Sünden geführt haben. So soll man imstande sein zu erkennen, ob man gesegnet ist. Der Erfolg der Arbeit wird das Zeichen für Gottes Gnade und Erwählung.

An diesem Punkt gelangt Weber zum Begriff der „innerweltlichen Askese". Die Askese wurde im Katholizismus von Mönchen praktiziert, die es im Protestantismus aber nicht mehr gab. Die Askese war in dieser Interpretation eine Angelegenheit von Erwählten gewesen, von Eingeweihten, religiösen Virtuosen gewissermaßen und bestand in der Kontemplation, im Fasten, in der meditativen Versenkung. Nun änderte sich aber die Rolle der Askese und sie war nicht mehr den Funktionären vorbehalten, sondern wurde zur Angelegenheit eines jeden Einzelnen. Auch ihr Charakter änderte sich. Sie bezog sich nun auf die Welt, auf die Probleme, die das weltliche Dasein an den Menschen stellt, sie war innerweltlich bezogen. So kann sie am Arbeitsplatz

praktiziert werden, wo man sich anstrengt und erfolgreich
sein will, im Beruf, in der Familie, im Gespräch. Die
Kontemplation und die Meditation wurden „entzaubert" und
in die Alltagswelt geholt, so wird es dargestellt:

„Die Arbeit ist zunächst das alterprobte asketische Mittel
… ein Befehl Gottes an den Einzelnen, zu seiner Ehre zu
wirken." „Nicht die Arbeit an sich, sondern rationale
Berufsarbeit ist eben das von Gott Verlangte." „Arm sein
wollen hieße … das selbe wie krank sein wollen, es wäre als
Werkheiligkeit verwerflich und Gottes Ruhm abträglich."
(Weber)

Aber diese neue Form des Lebens, der religiösen Praxis
im Alltagsleben in der Form der innerweltlichen Askese,
wendet sich auch gegen das unbefangene Genießen des
Daseins, die sinnlosen Freuden.

„Die innerweltliche protestantische Askese … wirkte also
mit voller Wucht gegen unbefangenen Genuß des Besitzes,
sie schnürte die Konsumtion, speziell die Luxuskonsumtion,
ein. (Anm. „Kapitalbildung durch asketischen Sparzwang",
wie Weber an einer anderen Stelle sagt) Dagegen entlastete
sie im psychologischen Effekt den Gütererwerb von den
Hemmungen der traditionalistischen Ethik, sprengte die
Fessel des Gewinnstrebens, indem sie es nicht nur
legalisierte, sondern direkt als gottgewollt ansah."

Darauf folgte eine Methodisierung des individuellen
Privatlebens. Reichtum war angesagt, das unbefangene
Genießen und Ausruhen auf diesem Reichtum jedoch
verboten. Durch die Arbeit, durch den Erfolg, konnte man
Gnadengewissheit erlangen, Gott ehren und gleichzeitig
dem Allgemeinwohl dienen.

Zwei Vertreter dieser religiösen Interpretation, die Weber
nennt, sind John Wesley, der gemeinsam mit seinem Bruder
Charles Wesley und George Whitefield um die Mitte des 18.

Jahrhunderts die Bewegung der Methodisten gründete, und Richard Baxter, der Verfasser des „Christian Directory".

Bei John Wesley findet eine Verbindung gefühlsmäßiger und asketischer Religiosität statt. Der Methodismus ist das englisch-amerikanische Gegenstück des kontinentalen Pietismus. (Ein stützendes Beispiel dieser These aus der Philosophiegeschichte wäre möglicherweise Immanuel Kant, der im Geiste des Pietismus erzogen worden war – hauptsächlich durch seine Mutter – und der im hohen Alter an seine Arbeit fast wie eine Maschine ging, routiniert durch jahrelange Praxis, mit dem Ziel der Vollendung seines „kritischen" Programms.)

„Er selbst bezeichnete gelegentlich die Werke als 'Bedingung' der Gnade und betonte auch in der Deklaration vom 9. August 1771, daß wer keine guten Werke tue, kein wahrer Gläubiger sei, und stets ist von den Methodisten betont worden, daß sie sich nicht in der Lehre, sondern durch die Art der Frömmigkeit von den offiziellen Kirchen unterscheiden." (Weber)

John Wesley selbst sagte: „Ich fürchte: wo immer der Reichtum sich vermehrt hat, da hat der Gehalt der Religion in gleichem Maße abgenommen. Daher sehe ich nicht, wie es, nach der Natur der Dinge, möglich sein soll, daß irgendeine Wiedererweckung echter Religiosität lange Dauer haben kann. Denn Religion muß notwendig sowohl Arbeitsamkeit (industry) als auch Sparsamkeit (frugality) erzeugen und diese können nichts anderes als Reichtum hervorbringen. Aber wenn Reichtum zunimmt, so nehmen Stolz, Leidenschaft und Weltliebe in allen ihren Formen zu ... Wir müssen alle Christen ermahnen zu gewinnen, was sie können, und zu sparen, was sie können, das heißt im Ergebnis: reich zu werden."

Richard Baxter war ebenso deutlich: „Das sittlich wirklich Verwerfliche ist nämlich das Ausruhen auf dem Besitz, der

Genuß des Reichtums mit seiner Konsequenz von Müdigkeit und Fleischeslust, vor allem von Ablenkung von dem Streben nach 'heiligem' Leben. Und nur weil der Besitz die Gefahr dieses Ausruhens mit sich bringt, ist er bedenklich."

Doch: „Wenn Gott Euch einen Weg zeigt, auf dem Ihr ohne Schaden für Eure Seele oder für andere in gesetzmäßiger Weise mehr gewinnen könnt als auf einem anderen Wege und Ihr dies zurückweist und den minder gewinnbringenden Weg verfolgt, dann kreuzt Ihr einen der Zwecke Eurer Berufung (calling), Ihr weigert Euch, Gottes Verwalter (steward) zu sein und seine Gaben anzunehmen, um sie für ihn gebrauchen zu können, wenn er es verlangen sollte. Nicht freilich für Zwecke der Fleischeslust und Sünde, wohl aber für Gott dürft Ihr arbeiten, um reich zu sein." „It is for action that God maintainth us and our activities: work is the moral as well as the natural end of power … It is for action that God is most served and honoured by … The public welfare or the good of many is to be valued above our own." (zitiert nach Weber)

Zeitvergeudung ist Sünde. Das Leben ist kurz und kostbar, die Kontemplation Untätigkeit. Der Schwerpunkt verlagert sich auf das Arbeiten, in dem die innerweltliche Askese zum Ausdruck kommt, in der wir unsere Berufung festmachen können, am Erfolg unserer Arbeit wird unser Gnadenstand gemessen.

Kritik

Die Reaktion, das Echo auf Webers These, war sehr groß. Ich möchte einige Punkte der These, der Kritik und der Diskussion vorstellen und dabei auch auf die Gegner eingehen, speziell Karl Fischer und Felix Rachfahl. Spannend daran ist, dass die platonische Schriftkritik, wie sie im Phaidros oder im siebten platonischen Brief zutage tritt, auf Weber nicht zutrifft. Ihr Vater kann die geschriebene Rede sehr wohl verteidigen, auch wenn nicht gerade vom „gemeinsamen Bemühen um die Sache selbst" gesprochen werden kann.

Karl Fischer schrieb „Kritische Beiträge zu Professor Max Webers Abhandlung 'Die protestantische Ethik und der Geist des Kapitalismus'", worauf Weber mit „Kritische Anmerkungen zu den vorstehenden 'kritischen Beiträgen'" schrieb. Daraufhin erwiderte Karl Fischer mit „Protestantische Ethik und 'Geist des Kapitalismus'. Replik auf Herrn Professor Max Webers Gegenkritik", darauf antwortete Weber mit „Bemerkungen zu der vorstehenden Replik".

Felix Rachfahl schrieb „Kalvinismus und Kapitalismus", eine gut 100 Seiten lange Kritik. Weber antwortete darauf mit „Antikritisches zum Geist des Kapitalismus". Rachfahl setzte eins drauf und antwortete auf die Antwort mit „Nochmals Kalvinismus und Kapitalismus", Weber setzte nach mit einer Antwort auf die Antwort der Antwort: „Antikritisches Schlußwort zum Geist des Kapitalismus", auch gute 70 Seiten lang. Eine Kritik jagte die andere, Antikritiken standen einander gegenüber. So können wir auf die Kritik, auf die Vorwürfe, die man Weber machte, mit Weber reagieren.

Gleichsetzung Max Webers mit Ernst Troeltsch

Vor allem Felix Rachfahl betrachtete die These als ein gemeinsames Arbeitsprodukt von Weber und Troeltsch und glaubte, mit Kritik an den Argumenten des einen die Argumente des anderen entkräften zu können. Weber wies auf diesen Irrtum hin und zog eine klare Grenze zwischen sich und Ernst Troeltsch, dem er es freistellte, sich selbst zu verteidigen. Diese Aufgabe könne er, Max Weber, für ihn nicht übernehmen. Ernst Troeltsch verteidigte sich tatsächlich und zwar im Aufsatz „Die Kulturbedeutung des Calvinismus". Er spricht hier ebenfalls von einer Kollektivverurteilung und einer Kollektivpolemik, die nicht begründet sei.

Die innerweltliche Askese

Felix Rachfahl sagt: „Askese wäre dann also eine beständige Übung, gemäß dem Willen Gottes im allgemeinen und im einzelnen gemäß seinen speziellen Geboten, wie sie in der Bibel niedergelegt sind, zu leben und darnach alle Handlung einzurichten, das natürliche Triebleben also unter die Herrschaft dieses Gesichtspunktes zu stellen. Aber dann wäre die Askese ... für die Gesamtheit der Gläubigen nichts, wodurch sich der Altprotestantismus vom Katholizismus unterscheiden würde. Denn auch der katholische Laie muss Gott bei allem seinem Tun und Lassen 'vor Augen' haben."

Weber antwortet: „... daß fortan nicht mehr nur die Berufsmönche, sondern jeder Mensch sein Leben lang eine Art Mönch sein müsse." „Ein Lebensideal also – nur eben mit dem Unterschied, daß die Askese sich innerhalb der Ordnung der Welt: Familie, Erwerbsleben, soziale

Gemeinschaft, zu bewegen hat und folglich in ihren materiellen Anforderungen entsprechend modifiziert ist ...“

Weber geht es also um die Methodisierung des eigenen Privatlebens. Darüber hinaus äußert sich die Askese eben in ihrem innerweltlichen Bezug, wobei die Ideale der Religion als auch ihre Forderungen in das Vokabular des Alltagslebens übersetzt werden.

Weber: „Was die rationale protestantische Askese von der Mönchsaskese scheidet, ist: 1. die Ablehnung aller irrationalen asketischen Mittel, welche übrigens ganz ebenso von gewissen gerade besonders bedeutsamen katholischen Orden, in spezifischer Art auch von den Jesuiten, abgelehnt oder beschränkt werden; 2. die Ablehnung der Kontemplation, 3. endlich und hauptsächlich: die Wendung der Askese ins Innerweltliche, ihr Sich-Auswirken in Familie und Beruf, aus der sich die schon erwähnten Unterschiede und alle anderen von selbst ergeben.

Auch Karl Fischer kritisiert den Begriff der Askese. Es ist ihm nicht einleuchtend, wie er sagt, wie „diese Form der protestantischen Askese zur Geburtsstätte des kapitalistischen Geistes werden konnte.“

Seiner Ansicht nach ist die Freude an der kraftvollen Betätigung, aus der heraus der Geist des Kapitalismus entspringt, die uns zur Arbeit motiviert, nicht religiös, sondern emotional bedingt. Er sagt, dass das Pflichtgefühl, die Berufsethik ein autonom bedingtes Gefühl ist, das nicht der Befolgung religiöser Vorschriften entspringt. Er möchte der Abhandlung eine psychologische Komponente hinzufügen.

Es ist allerdings die Frage, ob Weber, wenn er von innerweltlicher Askese und deren Einfluss auf das Berufsleben spricht und zeigt, wie Textinterpretationen zu einer bestimmten Ausprägung unseres Pflichtverhaltens führen können, damit nicht ebenso von Gefühl spricht, denn Religion kann auch Gefühl sein, insofern sie verinnerlicht und gefühlt wird.

Karl Fischer geht noch weiter und kritisiert die geschichtswissenschaftliche Methode Webers, er wolle Ökonomie aus Religion heraus begründen. Das, worum es Karl Fischer geht, ist Psychologie als jenen Faktor einzuführen, der die Geschichte bestimmt und vorantreibt. Weber meint aber, dass er eine andere Absicht habe: „… daß es mir nicht beigekommen ist, ‚den treibenden Faktor des geschichtlichen Geschehens irgendeiner Epoche oder irgendwelche wahrhaft treibenden Kräfte' zu finden: – denn derartige Gespenster gibt es für mich nicht in der Geschichte …". Damit nimmt er auch Stellung zum Deutschen Idealismus und vor allem zu Karl Marx.

Die Methode

Was war also zuerst da? Der Kapitalismus, der den Protestantismus schuf oder der Protestantismus, aus dem heraus sich der Kapitalismus entwickelte? Diese Fragestellung läuft auf eine materialistische oder eine idealistische Antwort hinaus. Oder, wie bei Weber, auf gar nichts, weil er abseits einer materialistischen oder idealistischen Geschichtstheorie unterschiedliche Sachverhalte in unterschiedlichen Interpretationen bringt.

Der Verweis auf Karl Marx ist offensichtlich. „Weber hatte seinen Aufsatz in bewußter Reaktion auf die Deutung des Kapitalismus durch Karl Marx geschrieben. Von daher muß seine Überbewertung der Konsistenz und der Wirksamkeit von Idealfaktoren verstanden werden. Damit antwortete er auf die Mechanisierung des Menschen und die wachsende Dominanz ökonomischer Bedingungen im Denken von sonst so verschiedenen Autoren wie Karl Marx und Friedrich Nietzsche in der Generation vor Weber und Freud, Rathenau, Tönnies in seiner eigenen." (Ephraim Fischoff)

Weber akzeptierte die materialistische Methode als heuristisches Hilfsmittel, widersetzte sich aber sie zur alleinigen Methode der Sozialwissenschaft zu machen, wie es zum Beispiel der Marxismus getan hatte. (Ausgehend von der Grundannahme, dass das Bewusstsein vom Sein bestimmt werde, dass der Geist von der Materie „behaftet" sei – das ist sozusagen sein Fluch, wie sich Marx und Engels in der „Deutschen Ideologie" ausdrücken – gelangt der Marxismus zu einer rein materialistischen Interpretation der Geschichte. Die historischen Vorgänge werden unter dem Gesichtspunkt der Klassenkämpfe betrachtet, jedes Geschehen hat, dem ökonomischen Paradigma folgend, seinen kausalen Ursprung im Klassenantagonismus. So zum Beispiel bei Friedrich Engels, der sich mit der für uns relevanten Situation des 16. Jahrhunderts auseinandersetzte: „Von den Klassenkämpfen, die in diesen Erschütterungen ausgefochten werden und deren bloßer Ausdruck die jedesmal auf die Fahne geschriebene politische Phrase ist, von diesen Klassenkämpfen haben selbst heute noch unsere Ideologen kaum eine Ahnung … auch in den sogenannten Religionskriegen des sechzehnten Jahrhunderts handelte es sich vor allem um sehr positive materielle Klasseninteressen und diese Kriege waren Klassenkämpfe." Engels, „Der Deutsche Bauernkrieg")

Um das Problem der Methode zu konkretisieren, Felix Rachfahl: Der kapitalistische Geist ist für ihn „eine ethisch gefärbte Maxime der Lebensführung und zwar gipfelt diese Ethik im Streben nach Gelderwerb, welcher Selbstzweck ist …" Er definiert den Geist des Kapitalismus vor allem in seiner Abhebung vom Traditionalismus, was darauf hinausläuft, dass der Traditionalismus mit Bedarfswirtschaft gleichgesetzt und der moderne Kapitalismus als Streben nach dem Erwerb dessen definiert wird, was über den lebenswichtigsten Bedarf hinausgeht. Damit missversteht er aber möglicherweise den Traditionalismus bei Weber, den es wie das Streben nach Reichtum schon immer gab, als auch den Geist des Kapitalismus. Denn: „Ein vom Geist des Kapitalismus getragenes Wirtschaften ist zwar dem Traditionalismus direkt entgegengesetzt, aber es ist sehr weit entfernt davon, mit dem Streben nach dem möglichsten Überschuss über den Bedarf identisch zu sein."

Rachfahl definiert den Geist des Kapitalismus in seiner negativen Abhebung vom Traditionalismus als eine Wirtschaftsform, die über den Rahmen einer reinen Bedarfswirtschaft hinausgeht und dann zeigt er (am Beispiel Jakob Fuggers), dass das Rahmen sprengende Streben nach Reichtum, der über die bloßen Existenzbedürfnisse hinausgeht, bereits vor der Reformation gegeben war. Damit spricht er aber nicht von der rationalen, modernen Organisationsform des kapitalistischen Betriebs, von der Weber spricht und gelangt entsprechend zu seinem Ergebnis: „Wir haben somit gezeigt, daß der kapitalistische Geist, richtig verstanden älter ist als die asketischen Richtungen der Reformation." (Rachfahl)

Ephraim Fischoff spricht bei der geschichtswissenschaftlichen Methode Webers von einer „atomistischen Isolierung". Diese führe zum Zerlegen des historischen Sachverhaltes, einer komplexen, historischen Gegebenheit, um jedes einzelne Element besser analysieren zu können und mittels Isolierung und Betonung einen in ihr enthaltenen Faktor von einem bestimmten Blickwinkel als bedeutsam anzusehen. Die Blickwinkel, ob materialistisch oder idealistisch, wären gewissermaßen gleichwertig und heuristische Hilfsmittel.

Diese Ansicht ist aus erkenntnistheoretischer Perspektive sympathisch, weil sie unsere Erkenntnisfähigkeit in Frage stellt und die Betrachtungsperspektive öffnet. Sie entbehrt der Arroganz der marxistischen Methode und des Absolutheitsanspruchs der platonischen Ideenschau und scheint durchdrungen von einer cartesianischen Unsicherheit, die fast schon Feyerabend'sche Züge trägt, „Anything goes".

„Seine Methode impliziert das Zerlegen jedes komplexen Phänomens in seine Komponenten. Jede dieser Komponenten wird dann der Reihe nach als unabhängige Variable in die Analyse eingeführt und ihre Wirkung auf die anderen Variablen aufgezeigt." Dennoch oder eben deshalb ist diese im Rahmen des wissenschaftlichen Strebens wohl die effizienteste Methode, da sie alle Elemente eines Sachverhaltes zu berücksichtigen sucht und keine Anstalten macht, bestimmte Seiten der Wirklichkeit, die in das Bezugssystem der jeweiligen Betrachtungsmethode nicht passen, einfach auszuklammern.

Die Intention

Ich habe den Eindruck, dass Webers Intention missverstanden wurde. Bei der Lektüre seiner Arbeit ist man schnell geneigt, seine These mit den Worten zu umschreiben, der Kapitalismus sei aus dem Protestantismus hervorgegangen. Das stimmt so aber nicht.

Weber versuchte nicht zu zeigen, wer als Erster hier war, sondern wie sie sich gegenseitig bedingten. Er wollte wissen, welche inhaltlichen, kulturgeschichtlichen und anderen Verknüpfungen es zwischen bestimmten Formen des protestantischen Glaubens und dem modernen Kapitalismus gibt. Deshalb betrachtete er seine Protestantismusstudie auch nicht als ein abschließendes

Werk, sondern als Anregung und Beginn einer umfassenderen, religions-soziologischen Forschung, soweit ich das verstehe.

Insofern die Kritiker an einigen Stellen ihrer Texte zugeben, dass es offensichtlich Ähnlichkeiten und Verwandtschaften der Mentalität geben muss zwischen dem Protestantismus und dem Kapitalismus, bestätigen sie eigentlich die These Webers. Denn davon ging auch er aus. Sein Bemühen galt der begrifflichen Spezifikation und dem Ausarbeiten und Begründen dieser Verwandtschaften.

„Er hob hervor, daß der Kapitalismus auch ohne den Protestantismus entstanden wäre, ja daß er in der Tat in vielen Kulturen ohne diesen entstanden ist …" „Im Licht all dessen sollte man die Webersche These nicht länger entsprechend der landläufigen Interpretation auffassen, als These der kausalen Wirkung der protestantischen Ethik auf die Entwicklung des Kapitalismus, sondern als Darstellung der vielfältigen Ingruenz so verschiedener Aspekte einer Kultur wie Religion und Wirtschaft." (Ephraim Fischoff)

Dass der Kapitalismus als Wirtschaftssystem ein Erzeugnis der Reformation sei, bezeichnete Weber selbst als „töricht". Es ging eben um den geistigen Zusammenhang, der zu dem Begriff des „Geistes des Kapitalismus" führte.

Vielleicht wurde Weber in seiner Intention missverstanden, weil die materialistisch historizisierende Atmosphäre seiner Zeit in ihm einen Idealisten erblickte.

Sozialismus und Faschismus in Leben und Lehre von Robert Michels

Vorwort

Ich schrieb diese Arbeit im Rahmen eines Seminars an der Universität Wien 1992. Und ich schrieb sie, weil ich sie schreiben musste bzw. weil es mir mehr oder weniger so aufgetragen worden war. Heute freue ich mich darüber. Denn die Erkenntnisse flossen in meine spätere Diplomarbeit und Dissertation ein.

Es galt damals, ein Referat über Elitetheorien zu halten. Michels stand zur Auswahl und soweit ich mich erinnere, legte mein Professor Wert darauf, dass ich über ihn spreche. Ich nahm mich der Sache ein wenig widerwillig an, weil Elitetheorien nicht zu meinen Schwerpunkten gehörten und ich mir nicht viel erwartete. Doch dann las ich Michels und sah, wie interessant er schrieb und dass seine Person und sein Werk ein Beispiel dafür waren, wie Philosophie und Politik miteinander Hand in Hand gehen. Zusätzlich tanzte er aus der Reihe und ließ sich nicht richtig einordnen.

Michels war Anhänger des Sozialismus und des Faschismus, zweier Ideologien, die man für gewöhnlich als konträr wahrnimmt. Umso mehr war ich verwundert, als ich beim Lesen sah und spürte, dass hier ein wacher, gebildeter und kritischer Geist am Werk war. Seltsam, dass gerade er diesen Ideologien verfiel und dann auch noch beiden. Das musste ich mir ansehen und darum geht es in dieser Arbeit.

Ich halte seine Theorie der Oligarchiebildung für richtig, weil sie logisch und überzeugend klingt und empirisch belegbar ist. Ich würde sie allerdings aus Gründen der Wissenschaftlichkeit nicht als „ehernes Gesetz" bezeichnen, sondern eher nur als „Regel" oder „Norm".

Ich halte auch seine damit verbundene Kritik an der Demokratie für berechtigt. Es gibt an der Demokratie viel zu verbessern und je mehr Probleme wir sehen, desto mehr Probleme können wir lösen.

Ich stimme allerdings überhaupt nicht mit seinen Schlussfolgerungen überein und bin verwundert, dass er sie zog. Michels wandte sich aufgrund seiner Kritik an der Demokratie politischen Überzeugungen zu, die gerade das, was er an der Demokratie kritisierte, erst recht einführten. Denn das, was er der Demokratie vorwarf, findet sich überall, doch nur in der Demokratie gibt es einen Weg, diese Probleme zumindest zu lösen zu versuchen. Ich glaube, er sah genau das nicht, weil sein Verständnis der Demokratie ein plebiszitäres war, kein repräsentatives, ein totalitäres, kein liberales. Was er kritisierte und was er versagen sah, war nicht Demokratie, zumindest nicht in dem Sinn, wie wir sie heute kennen und verstehen. Er kam nicht zum Faschismus, obwohl er vom Sozialismus ausging, er kam zum Faschismus, weil er vom Sozialismus ausging.

In diesem Zusammenhang eine Anmerkung: Ich verwendete in dieser Arbeit ursprünglich den Begriff „Fascismus", weil er präziser ist – er bezeichnete die politische Ausrichtung der Partei Mussolinis und der italienischen Bewegung, um die es ging. Zusätzlich war es der Ausdruck, den Michels selbst verwendete und der damals üblich war. Im Lauf der Zeit bürgerte sich im deutschen Sprachraum aber der Ausdruck „Faschismus" ein, der undifferenziert ist. Ich entschied mich nach längerem Nachdenken und trotz Bedenken, diesen zu verwenden, weil er dem Sprachgebrauch entspricht. Man möge beim Lesen aber an den italienischen Faschismus denken.

Vorbemerkung

Sozialismus und Faschismus sind umstrittene und umkämpfte Begriffe, sowohl hinsichtlich ihrer Definition als auch hinsichtlich ihrer Beurteilung. Das liegt an der Ideologie, aber auch daran, dass man nie weiß, wer unter was was versteht. „Welchen Sozialismus meinen Sie?" „Was verstehen Sie unter Faschismus?"

Erstaunlicherweise haben die meisten Menschen die wenigste Ahnung. Das ist nicht böse gemeint, denn wer soll sich mit all den Schriften und all der Geschichte so intensiv beschäftigen? Und so sind viele Vorstellungen im Umlauf und entsprechend viele Meinungen. Darauf haben wir alle ein Recht. Wir sollten nur wissen, wie wenig wir wissen. Und versuchen, uns zu verständigen.

Beim Sozialismus unterscheidet man gern ins Unendliche: Sozialismus, Kommunismus, Bolschewismus, Reformismus, Marxismus, Leninismus, Stalinismus, Maoismus, Trotzkismus, Sozialdemokratie und alle zehn Jahre kommen ein paar weitere dazu.

Beim Faschismus schmeißt man alles in einen Topf: Faschismus, Nationalsozialismus, Rassismus, Autoritarismus, Militarismus, Nationalismus, Konservatismus und letztlich alles, was irgendwie irgendwo übrig bleibt.

Der Sozialismus hat so viele Väter, dass man nicht weiß, von welchem man sprechen soll. Beim Faschismus kennt man nicht mal die Mutter, weil es keine einheitliche Grundlage gibt.

Darüber hinaus wurden die Begriffe nachträglich verengt, erweitert und uminterpretiert: Die Sozialismen explodierten in begrifflichen Differenzierungen, während der Faschismus zur Bezeichnung unterschiedlicher Bewegungen aufgebläht wurde.

Als wäre das nicht genug, kommt auch noch ein Links-Rechts-Denken dazu, das die Sprache und die Sache kompliziert, über die Zusammenhänge täuscht und die demokratische Opposition gegenüber totalitären Bestrebungen als ein schwaches Mittelding zwischen zwei Extremen darstellt statt als einen eigenständigen Weg der Freiheit.

Das alles erschwert eine Diskussion. Interessanterweise ist es gerade Robert Michels, der in seinem Leben und in seiner Lehre Anhänger beider Ideologien wurde, der uns hier einen vernünftigen Ratschlag gibt:

„Es gibt Menschen, die insbesondere in politischen und religiösen Dingen, keine heterogene Meinung aussprechen hören können, ohne dass ihr Herz mächtig zu pochen anfängt. Die lasse in Ruhe. Mit denen ist nicht zu rechten; denn Herzklopfen schließt Gedankenarbeit aus."[1]

Dabei gehört Michels aufgrund seines politischen Engagements zu jenen Wissenschaftlern, die man leicht von vornherein disqualifzieren könnte. Doch schon nach ein paar Zeilen, die man von ihm liest, entdeckt man, dass er kein blinder Apologet und auch kein romantischer Wegbereiter des Irrationalismus und Antidemokratismus ist, wie Georg Lukacs ihn vielleicht gesehen hätte. Michels ist in erster Linie Wissenschaftler, nicht frei von Überzeugungen und Hoffnungen und ganz sicher voller „Fehler und Schnurren", wie Michels selbst über den von ihm so bewunderten Vilfredo Pareto schrieb,[2] aber ganz

---

[1] Robert Michels „Soziologie des Parteiwesens", Kröner, Stuttgart 1989, 4. Auflage, Vorwort
[2] Robert Michels „Bedeutende Männer", Charakterologische Studien, Quelle & Meyer. Leipzig 1927, 1. Auflage, Seite 120

offensichtlich ein Mensch, der sich um die Wahrheit bemüht und sie sucht.

So überrascht und besänftigt schon das Zitat, das Michels dem Vorwort zur ersten Auflage seiner „Soziologie des Parteiwesens" voranstellt: „Der Wissenschaft zu Liebe, niemandem zu Leide." Man wünscht sich, andere Theoretiker des 19. Jahrhunderts hätten ihren kapitalen Werken etwas Ähnliches vorangestellt, um den Praktikern den Bezug auf ihre Lehren zu erschweren und damit die Rechtfertigung zu verhindern.

Gleichermaßen beurteilt Michels sein eigenes Werk: „Mit der Aufstellung dieser These sind wir weit davon entfernt, gegen irgendwelche politischen Parteien oder Regierungen vernichtende Werturteile aussprechen oder gar einen moralischen Tadel … damit verbinden, irgend jemandem einen 'Vorwurf' machen zu wollen."

Er selbst versteht sich als Beobachter und seine Theorien als soziologische Gesetze, die für ihn somit „jenseits von Gut und Böse" stehen.[3]

Um die Diskussion also nicht in die falsche Richtung zu lenken und auch um eben diesem Anspruch Robert Michels' Genüge zu tun, wollen wir die Begriffe des Sozialismus und des Faschismus im engeren und konkreteren Zusammenhang mit seinen Theorien verstehen.

---

[3] Robert Michels „Soziologie des Parteiwesens", Vorwort

Politik

Robert Michels wurde am 9. Januar 1876 in Köln geboren und starb am 2. Mai 1936 in Rom. Das Erste, was in seiner Biographie auffällt, ist sein Europäertum.

Die Schulzeit verbrachte er am Berliner College Francais, das Studium der Geschichte und Nationalökonomie absolvierte er an der Pariser Sorbonne und den Universitäten München, Leipzig und Halle. Sein Vater war Deutscher, seine Mutter Französin, seine Großmutter brachte einen belgischen Aspekt in den familiären Kosmopolitismus. Michels, der in einer katholischen und wohlhabenden Familie aufwuchs – sein Großvater war Stadtrat und Mitglied der Kölner Handelskammer – setzte diese Tradition fort. Er unternahm Studienreisen nach Frankreich, Italien und Belgien. Schließlich siegte die Liebe zu Italien, dessen Staatsbürger er 1913 wurde.

Doch Italien wurde nicht nur aus Liebe sein Schicksal, sondern auch durch Verschmähung. Es war sein Vaterland, das ihn abwies. Seine sozialistische Überzeugung und sein politisches Engagement in der SPD verhinderten vermutlich einen Erfolg seiner Habilitationsarbeit.

Max Weber, der zu dieser Zeit noch ein guter Freund von Michels war, reagierte auf die politisch gefärbte Ablehnung mit den Worten: „Schmach und Schande für eine Kulturnation."[4] Marianne Weber führte aus, dass möglicherweise der Umstand, dass Michels seine Kinder habe nicht taufen lassen, ebenfalls ein Mitgrund für die Ablehnung der Habilitation gewesen sei.

Michels kehrte daraufhin Deutschland den Rücken und wurde Privatdozent für Nationalökonomie in Turin. Bis zu

---

[4] Max Weber an Robert Michels, Brief vom 24. Januar 1906

dieser Zeit (1908) galt er als Überläufer. Sein politisches Engagement und seine wissenschaftliche Ausrichtung bezeugten eine Abkehr vom bürgerlichen Milieu des Elternhauses hin zum Sozialismus.

Sein Anliegen war der Vergleich der verschiedenen europäischen Sozialismen. Sein politischer Einfluss dürfte zu dieser Zeit nicht besonders groß gewesen sein, wie Joachim Milles schreibt.[5] Aber seine Schriften und sein wissenschaftlicher Ruf verliehen ihm das Privileg einer angesehenen Stellung unter den deutschen Sozialisten. Mit diesen war er auch persönlich bekannt, unter anderem mit Rosa Luxemburg und Karl Kautsky. Zu seinem weiteren Bekanntenkreis zählte auch Georges Sorel. Michels' Anliegen war die Stärkung der deutschen Sozialdemokratie, die Losung hieß: Syndikalismus.

1903 war Michels einer der zwei Akademiker, die einem neu gegründeten sozialdemokratischen Wahlverein in Marburg angehörten. Er vertrat fernerhin die Marburger Parteiorganisation auf den SPD-Parteikongressen 1903 in Dresden, 1905 in Jena und 1906 in Mannheim.

Aber innerhalb der sozialdemokratischen Partei kriselte es und bald erlebte Michels in der Praxis das Zusammenwirken jener Zauberwörter, die seine soziologische Theorie prägen sollten – Organisation und Elite. Frank Pfetsch dokumentiert das Zusammentreffen Michels mit der Parteiorganisation an einem biografischen Beispiel:

„Vor den Reichstagswahlen 1903 hatte die Marburger Sektion der SPD einen von Michels mitkonzipierten Beschluß gefaßt, im Fall einer Stichwahl zwischen gegnerischen Kandidaten nur solche zu unterstützen, die

---

[5] Robert Michels „Masse, Führer, Intellektueller", Politisch-soziologische Aufsätze 1906–1933, Campus Verlag, Frankfurt 1987, Einführung Joachim Milles

gegen jede neue Militär- und Marinevorlage einträten. Gegen diesen Beschluß opponierte das Zentralorgan, der Berliner 'Vorwärts' unter Curt Eisner. Gegen diese Nichtbeachtung eines Parteitagsbeschlusses durch eine 'Gruppe von Machthabern' sollte mit voller Rückendeckung des von ihm zunächst verehrten Parteiführers Bebel die Marburger Parteibasis auf dem Dresdener Parteikongreß ein Mißtrauensvotum gegen die Revisionisten einbringen. Michels, der als Redner für die Marburger Gruppe sprach, fand zwar mißbilligende Worte, brachte aber keinen Mißtrauenantrag ein, zu dem ihn der revolutionäre linke Flügel der Sozialdemokraten mit Luxemburg oder Ledebour gedrängt hatte. Michels wollte – wie er selbst bekennt – nicht die Verantwortung für den Ausschuß hervorragender Männer und Frauen auf sich nehmen ...“[6]

Dieses Ereignis war der erste Vorbote des Glaubens an die Elite. So kritisierte er den „furchtsamen Legalismus“ der deutschen Sozialdemokratie, ihren Hang zum Parlamentarismus. Er sah: „Der SPD ging es nur noch um die Sicherung und Bestanderhaltung ihrer zum 'Selbstzweck' gewordenen Organisationen, und ihr widerstrebte alles, 'was in den Speichen ihres Räderwerks eingreifen, ihren Organismus, oder doch wenigsten dessen äußere Form, die Organisation bedrohen' konnte.“[7]

Aber erst in Italien, wo er in Turin die Bekanntschaft mit Gaetano Mosca und seiner „Classe politica“ sowie der „Theorie de la circulation des elites“ des zu dieser Zeit in Lausanne unterrichtenden Vilfredo Pareto machte, ging ihm ein Licht auf.

Er schrieb „Die Soziologie des Parteiwesens“, die 1911 erschien und Max Weber zugedacht war. Der Hauptgedanke

---

[6] Robert Michels „Soziologie des Parteiwesens“, Einführung Frank Pfetsch
[7] Joachim Milles in „Masse, Führer, Intellektueller“

dieser Arbeit war, dass Politik von Parteien gemacht wird, Parteien aber Organisation bedeuten und jede Organisation die Tendenz zur Oligarchiebildung in sich trägt.

„Wer Organisation sagt, sagt Tendenz zur Oligarchie. Im Wesen der Organisation liegt ein tief aristokratischer Zug."[8] „… die Organisation ist die Mutter der Herrschaft der Gewählten über die Wähler …"[9]

So gelangt Michels zu seinem „Ehernen Gesetz der Oligarchie". Selbst der Demokratie wohnt dieser Zug inne. Michels nennt dafür drei Gründe, die er in der „Soziologie" behandelt: die Individualpsychologie, die Notwendigkeit der Organisation und die Massenpsychologie.

Die Masse will geführt werden und zwar nicht nur aus rein technischen Gründen, sondern sie ist dankbar und sie ist es gern. Sie verehrt, so wie auch der Einzelne, der auf sich allein gestellt viel zu schwach ist. Die Antwort auf diese psychischen Tendenzen des Individuums und der Masse sind die „akzessorischen Eigenschaften des Führers": Redegabe, Körperschönheit, Energie, Berühmtheit und Alter.

Die direkte Selbstverwaltung durch Volksversammlungsbeschlüsse, das Ideal der Demokratie, beschränkt zwar die Ausdehnung des Delegationswesens, aber bietet keine Gewähr gegen die Entstehung eines oligarchischen Führertums. Die Volksversammlung, das Big meeting, das Comizio wird beherrscht von den Gesetzen der Massenpsychologie. „… aber die Volksversammlung ist, gerade ob ihrer Eigenschaft als Masse besonders der Gefahr ausgesetzt, der Macht der Rede gewaltiger Volksredner zu unterliegen und erleichtert somit Überrumpelungen aller Art seitens Einzelner."[10]

---

[8] Robert Michels „Soziologie des Parteiwesens", Seite 25
[9] ebenda, Seite 370/71
[10] ebenda, Seite 28/29

Zur technischen Unmöglichkeit der Durchführung einer Demokratie gesellt sich nach Michels auch die Psychologie als Problem. Auf den Sozialismus umgemünzt lautet Michels' Antwort: „Die Sozialisten könnten demnach siegen, nicht der Sozialismus, der im Augenblick des Sieges seiner Bekenner untergeht."[11]

„Entstanden, um die zentralistische Macht des Staates zu überwinden und von der Erwägung ausgehend, daß die Arbeiterklasse nur einer genügend großen und festen Organisation bedürfe, um über die Organisation des Staates Herr zu werden, hat die Partei der Arbeiter sich selber machtvoll zentralisiert und ihr stolzes Gebäude auf die gleichen staatlichen und stattlichen Grundpfähle aufgebaut: Autorität und Disziplin. So war sie zu einer Regierungspartei ..."[12]

Die Organisation siegt über die Prinzipien: „Mit dem Wachstum der Organisation wird der Kampf um große Prinzipien unmöglich."[13] „Ganz abgesehen davon, daß ohnehin mit zunehmender Quantität einer Organisation deren Qualität Einbusse erleidet."[14] So entwickeln sich auch die sozialdemokratischen Parteien in dieser Richtung und die Teilnahme an der Macht, wenn sie sie erst einmal erkämpft haben, macht sie konservativ. „Die Organisation wird zum einzigen Lebensnerv."[15] Auf diese Weise kommt es zur Einbuße der „politischen Jungfräulichkeit".

Tatsächlich sollte wenige Jahre später eben die Organisation in Form der Avantgarde der Berufsrevolutionäre unter Lenin, dessen Machtergreifung Michels als einen „genialen Handstreich" bezeichnete, das bewegende Motiv eines der größten sozialphilosophischen

---

[11] ebenda, Seite 367
[12] ebenda, Seite 344/45
[13] ebenda, Seite 343
[14] ebenda, Seite 344
[15] ebenda, Seite 346

Experimente werden, das jeder Glaubwürdigkeit beraubt ist, denn: „… eine Minderheit löst eine andere Minderheit in ihrer Herrschaft über die Klasse ab."[16]

Die Feststellung dieses Sachverhaltes ist für Michels in erster Linie das Ergebnis wissenschaftlicher Forschung. Er fasst diese Erkenntnis in dem kurzen Satz zusammen: „Der Wechsel des Kapellmeisters ändert nichts an der Musik."[17]

Musikalisch ist dieser Satz zwar nicht richtig, denn die Bedeutung des Dirigenten ist gerade im Prozess und Ergebnis der musikalischen Interpretation eine entscheidende, im soziologischen Zusammenhang macht sie das Anliegen von Michels allerdings gut sichtbar.[18]

Am Hintergrund dieser kurzen Skizze seiner Theorie wird deutlich, wie Michels die Demokratie und den Sozialismus allmählich verabschiedet.

Im Sommer 1915 überwirft er sich mit Max Weber. Ihre Freundschaft zerbricht und soll nie wieder erneuert werden. Der Anlass sind zwei Zeitungsartikel, in denen Michels Deutschland für den Kriegsausbruch verantwortlich macht und den Kriegseintritt Italiens begrüßt. Der Kosmopolit und Internationalist wird zum italienischen Patrioten.

1922 tritt er der faschistischen Partei Italiens bei und wird ein von Mussolini protegierter Ordinarius für Nationalökonomie in Perugia.

---

[16] ebenda, Seite 352

[17] ebenda, Seite 369

[18] Interessant ist, dass sich auch die anderen Herrschaften des unmittelbaren Umkreises gern musikalischer Vergleiche bedienten. So Benito Mussolini: „Wenn wir die große Symphonie beginnen, wird unser Orchester Instrumente aus Stahl haben", bei Ernst Nolte „Der Faschismus in seiner Epoche" R. Piper & Co Verlag, München 1971, Seite 206. So auch Lenin, der laut Valentinov sagte: „Das Recht auf den Taktstock gehört dem, der besondere Fähigkeiten besitzt", bei Astrid von Borcke „Die Ursprünge des Bolschewismus".

Es scheint, dass er mit Vilfredo Pareto, den er sehr bewunderte, genau jene Überzeugungen teilte, die er ihm 1927 posthum in seinen charakterologischen Studien „Bedeutende Männer" zuschreibt. Pareto war pessimistisch gegenüber dem Sozialismus und kritisch gegen die „Demagogie der Demokratie", wie Michels es ausdrückt. Die Unerbittlichkeit dieser Kritik machte den Beitritt zum Faschismus verständlich.[19] Was Michels über Pareto sagt, erklärt seine eigene Wendung. Denn auch er war ein „Ungläubiger in puncto Volkssouveränität".

Pareto unterschied zwei Strömungen im Sozialismus: Den Reformismus, der für ihn eine Verschmelzung mit der „platten und feigen Demokratie" war, und den Revolutionismus, an dem er lobte, dass er über „Männer von Überzeugungen, von Mut" verfügte, aus denen möglicherweise eine Elite rekrutiert werden könnte.

Auch Michels hatte eine Vorliebe für die Bewunderung großer Männer. „Der starke Führer kann dem Gewitter trotzen, wohl wissend, daß seine Herrschaftsgewalt angegriffen, aber nicht gebrochen werden kann …"[20]

So gelangt der Politiker Michels zum Faschismus. Nur ein starker Führer kann Italien retten. „Italien lechzte politisch nach einer starken Hand: Nun da die Fascisten am Ruder sind, heißt es vorläufig in weiten Kreisen mit tiefem Ausatmen: 'Endlich eine Regierung!'"[21]

In „Italien von heute" schreibt Michels: „Für die Errungenschaften des Fascismus mußte somit ein teurer Preis bezahlt werden: Das Recht des Einzelnen auf freie Meinungsäußerung in Staat und Gesellschaft, in Presse und Parlament … Dazu kam noch etwas sehr Wichtiges: der fascistische Plan der Umgestaltung Italiens als

---

[19] Robert Michels „Bedeutende Männer", Seite 122

[20] Robert Michels „Soziologie des Parteiwesens", Seite 181

[21] Robert Michels „Masse, Führer, Intellektuelle", Seite 294

Staatsorganismus sowie als Volksseele schien gebieterisch Alleinsein und Ungestörtheit zu erheischen. Wie sollte ein solcher Plan gelingen können beim Weiterbestand der Nörgelei, bei den Intrigen in Presse und Parlament, beim ewigen Hin und Her der Volksgunst, der öffentlichen Meinung und ihrer ephemeren Mehrheitsbildung?"[22]

Selbstverständlich war Michels Wissenschaftler genug, um Mussolini nicht blind nachzulaufen. David Beetham, neben Röhrich und Pfetsch ein Michels-Kenner, schreibt: „Er unterstütze und legitimierte das Mussolini Regime letzten Endes nicht als politischer Agitator, sondern als Sozialwissenschaftler und mit Hilfe der Kategorien seiner politischen Soziologie."[23]

Mussolini galt ihm nicht als ein Rabauke vom Schlage Hitlers, sondern als ein an den Krisen der marxistischen Theorie geschulter, in der Tradition von Nietzsche und Bergson stehender Mensch, der, wie Michels berichtet, „bekanntlich ... in den Zeiten seines Schweizer Exils zu Füßen Paretos gesessen und manches kritische Wort von seinen Lippen sich zu eigen gemacht ..."[24]

Doch das Übel des Faschismus war nicht zu leugnen und gerade Michels gehört zu jenen Menschen, die sich mit ihren Überlegungen und Hoffnungen wohl am meisten irrten, sagte er doch 1927: „Was aber das heutige Italien anbetrifft, so wird ... der Fascismus ... kein Element internationaler und vielleicht auch nicht einmal mehr ein Element nationaler Unruhe bedeuten."[25]

---

[22] „Italien von heute" zitiert bei Frank Pfetsch in „Die Entwicklung zum faschistischen Führerstaat in der politischen Philosophie von Robert Michels", Dissertation zu Heidelberg 1964
[23] Joachim Milles in „Masse, Führer, Intellektuelle", Einführung
[24] Robert Michels „Bedeutende Männer", Seite 121
[25] Robert Michels „Der Aufstieg des Fascismus in Italien", 1927

Philosophie

Robert Michels ist einer von jenen Denkern, deren Lehre ihr Leben dokumentiert und deren Werke uns wohl einen Einblick in die wirkliche Motivation ihrer politischen Entwicklung erlauben. Ich will damit weder die Theorie psychologisieren noch den Menschen auf die Praxis reduzieren. Aber es ist wichtig, den Zusammenhang zu erkennen, wenn eine so gute Möglichkeit sich bietet. Sehen wir uns deshalb an, welcher philosophischen Tradition Michels entstammt, mit welchem Verständnis der zentralen Begriffe wie Demokratie er operiert und welche seine Anliegen waren.

Am Anfang seiner Überlegungen zur „Soziologie des Parteiwesens" stellt Michels eine „Krisis" der Demokratie fest. Das demokratische Problem ist die Frage nach der Möglichkeit ihrer Realisierung. „Das ist unsere Aufgabe, uns kritisch mit dem Lösungsversuch des Problemes der Demokratie zu befassen."[26] Am Ende seines Werkes stellt er sich nach vorgenommener Diagnose soziologischer Kausalzusammenhänge die Frage: „Ist die oligarchische Krankheit heilbar?"[27] und meint damit sein eigenes ehernes Gesetz der Oligarchie, den Sieg des Organs über den Organismus, die Fatalität einer politischen Sozietät, die aus der Organisation als Mittel die Organisation als Zweck erschafft. Er sieht, dass die Demokratie eine „inhärente Vorliebe für autoritäre Regelung wichtiger Fragen" hat. „Sie ist zugleich hungrig nach Glanz und Macht."[28]

Dabei geht es nicht um Irrationalismus oder Romantizismus. Es ist zum großen Teil Psychologie, sowohl

---

[26] Robert Michels „Soziologie des Parteiwesens", Vorwort
[27] Robert Michels „Soziologie des Parteiwesens", Seite 342
[28] ebenda, Seite 354

die des Einzelnen als auch der Masse. Er zitiert Herzen, der sagt: „… sie (die Opposition, Anm.) erringt sich Besitz oder Stellung und geht vom Neid zum Geiz über.“[29] Die Plastizität dieser Anthropologie, die sich auf empirischer Beobachtung gründen mag, verweist auf den sich ankündigenden pessimistischen Zug, der Michels' Theorie innewohnt und schließlich den Kulminationspunkt seiner Demokratiekritik in der Befürwortung des Faschismus erreicht.

Zum Schluss rekapituliert er noch einmal sein Anliegen, das Problem der demokratischen Krise auf seine Lösbarkeit hin zu untersuchen und spricht an dieser Stelle von der Wahrscheinlichkeit, „dass das Problem von der Geschichte im Sinne des Pessimismus gelöst wird“.[30] Er schließt mit den Worten: „Stets neue Wellen tosen gegen die stets gleiche Brandung. Das ist die tiefinnerste Signatur der Parteigeschichte.“[31]

Er sieht die Demokratie, den Sozialismus, welche seine Anliegen waren, scheitern. Sie gehen an der Möglichkeit ihrer Realisierung vorbei, unterworfen den soziologischen Gesetzen, von deren Unerbittlichkeit sich Michels überzeugt fühlt. Was bleibt ihm also übrig? Wenn Demokratie, wenn Sozialismus nicht realisierbar sind, so muss man sich mit dem zufrieden geben, was an zweiter Stelle kommt.

In dieser theoretischen Hinsicht und nach praktisch vollzogener politischer Wendung vom Kosmopoliten zum italienischen Patrioten findet Michels den Faschismus.

Die Masse ist dem Faschismus ein reines Instrument. Sie ist eine Horde, die es zu leiten gilt. Am Hintergrund des Oligarchiegesetzes scheint dieses Bekenntnis den

---

[29] ebenda, Seite 357
[30] ebenda, Seite 374
[31] ebenda, Seite 378

Anhängern ehrlicher als die Versicherungen der sogenannten „feigen Demagogen der Demokratie". Die platonische Führerfrage, die im Umfeld der Französischen Revolution ihre praktische Relevanz fand und durch ihre Unmittelbarkeit auf den Bolschewismus einwirkte, wird von Michels aufgegriffen. Hier scheint Wissenschaft der Emotion zu weichen. Der Glaube ist angesprochen, Hoffnungen werden gesetzt.

Benito Mussolini ist für Michels der typische charismatische Führer im Max Weber'schen Sinne (siehe Frank Pfetsch). Michels entwickelt die „Konsensustheorie", der zufolge der Führer zwar ein Führer ist und bleibt, mit all den antidemokratischen Konnotationen und Attributen, die ihm anhaften und derer sich Michels wohl bewusst ist. Aber er ist zugleich jenseits der Plebiszite und der Repräsentation die Verschmelzung der Nation mit dem Führer. Er ist die Äußerung der tiefsten Anliegen des italienischen Volkes.

Die Wurzeln dieser Überzeugungen sowie der Gleichsetzung des Sozialismus mit der Demokratie liegen auf der Hand. In seiner Dissertation „Die Entwicklung zum faschistischen Führerstatt" schreibt Frank Pfetsch in seiner ersten These: „Die Links-Rechts-Wendung stellt weitgehend eine organische Entwicklung dar und ist nicht durch abrupte Sprünge gekennzeichnet. Es finden sich gemeinsame Wesensmerkmale in beiden Extremen wieder."[32] Eben diese gemeinsamen Merkmale sind es, die uns zu Jacob Talmon und seiner Theorie der zwei entgegengesetzten Demokratiekonzeptionen führen, der liberalen und der totalitären.[33]

---

[32] Frank Pfetsch in „Die Entwicklung zum faschistischen Führerstaat in der politischen Philosophie von Robert Michels", Dissertation zu Heidelberg 1964

[33] Jacob Talmon „Die Ursprünge der totalitären Demokratie"

Wir entdecken, dass Michels schon zu Beginn seiner wissenschaftlichen Laufbahn die zweite Konzeption vertritt. Die Identität des Sozialismus mit der Demokratie ist für ihn das rousseausche Ideal der Volonte generale, des Allgemeinwillens. Dieses von vielen Totalitarismuskritikern aufgegriffene Unterscheidungsmerkmal, dieser Blankoscheck, der an die Revolutionäre aller Klassen ausgestellt wird, führt Michels zum Sozialismus, er führt ihn vom Sozialismus weg – da er sich als ein illusorisches Moment herausstellt – und er händigt den Wissenschaftler schließlich dem Faschismus aus, in dem der Führer allem Zweifel und allen Gewittern zum Trotz seine Stellung behauptet und sich als Vertreter der Massen über die Massen erhebt. So wird die platonische Führerfrage über die rousseausche Theorie des Allgemeinwillens bis zum Faschismus tradiert, um sich in der Irrationalität des unsicheren Glaubens und der vagen Hoffnung auf eine bessere Zukunft durch die Hand eines einzigen Mannes zu entladen.

Der Michels'sche Ausgangspunkt von einer der unseren entgegengesetzten demokratischen Konzeption – der totalitären statt der liberalen – führt ihn über die Erkenntnis der Realisierungsunmöglichkeit des plebiszitären Staates zum verhängnisvollen Bund mit jenen irrationalistischen Strömungen seiner Zeit, die sich in der Gestalt des Faschismus triumphierend über die in seiner Sicht bankrotte Demokratie emporschwingen. Nur ist dieser Bankrott der Demokratie nur allzu verständlich, wenn ihre plebiszitäre Konzeption explizit gemacht wird. Die repräsentative Demokratie liegt den sozialistischen Idealen der gesellschaftlichen Gerechtigkeit des Robert Michels fern. Und an dieser Stelle kann eine Kritik ihren Anfang nehmen.

Die im Endeffekt pessimistischen Konsequenzen der soziologischen Untersuchungen Michels' sind nicht von der

Hand zu weisen. Natürlich könnte man, zumal so viele Jahrzehnte später, einwenden, das eherne Gesetz der Oligarchie sei seiner Geltung der rigorosen Gesetzmäßigkeit beraubt. Vor allem mit Blick auf die Kritik des Historizismus durch Karl Popper erweist sich die Michels'sche Untersuchung als die Aufstellung eines nomologischen Gesetzes, das in seinem Anspruch des Holismus bezichtigt und auch abgelehnt werden kann.

Doch abseits eines solchen Anspruchs der Rigorosität bleibt die Faktizität einer empirischen Beobachtung bestehen, die auch ihre glaubwürdige theoretische Fundierung hat. Doch die Fortsetzung der Theorie, die sich im Fall von Robert Michels im Umkreis des Faschismus wiederfindet, ist eine zweite Etappe auf diesem Weg, die bereits neuer Voraussetzungen bedarf. Denn die Feststellung, dass die plebiszitäre Demokratie nicht machbar ist, ist nicht identisch mit der Unmöglichkeit der repräsentativen Demokratie. Und auch wenn die repräsentative Demokratie den gleichen Gesetzmäßigkeiten unterliegt, so ist damit noch lange nicht ihre Realisierbarkeit in Frage gestellt.

Für Michels bedeutet das Ende seiner Demokratie aber den Ausgangspunkt für eine neue politische Orientierung, deren fundamentales Verständnis der Volksvertretung allerdings das gleiche bleibt wie davor. Das Volk kann vertreten werden, aber nur ein Weg der Vertretung ist der richtige. Deshalb kann es auch nur einen Mann geben, der die eine richtige Meinung vertritt. Diese Überzeugung geht ein Bündnis ein mit der technischen Undurchführbarkeit eben der kritisierten sozialistischen Demokratie und den unzähligen massenpsychologischen Aspekten des menschlichen Zusammenlebens.

Dennoch ist die Arbeit von Robert Michels von besonderer Bedeutung. Jenseits der Rigorosität soziologischer Gesetzmäßigkeiten und befreit von unreflektierem Ballast des plebiszitär-demokratischen Ausgangspunktes, erweist sich seine Demokratiekritik als ein ständig aktuelles Problem, auf das gerade er hinwies.

Auch Thomas Masaryk, ein Mann also, der sich sowohl theoretisch als auch praktisch den Idealen der Demokratie verschrieb und in ständiger, gewollter Konfrontation mit ihren Problemen lebte, wusste Michels' Bedeutung zu schätzen. In „Syndikalismus und Demokratie" schrieb er, die „Soziologie des Parteiwesens" kommentierend: „Michels' Buch schwächt den Demokratismus nicht, sondern stärkt ihn."[34]

Und Michels geht auf diesen Kommentar im zweiten Vorwort zur zweiten deutschen Auflage seines Werkes ein: „Dennoch dürfte Masaryk recht haben, wenn seine Kritik meines Werkes zum Ergebnis führt, das Buch werde den Demokratismus nicht schwächen, sondern stärken."[35]

Schließlich ist es Robert Michels, der in „Italien von heute" in Anlehnung an Gaetano Mosca meint, es komme nicht darauf an, die Volksvertretung zu zerstören, sondern sie zu verbessern. Und in der „Soziologie" äußert er sich folgendermaßen: „Die immanenten Nachteile der Demokratie sind nicht zu verkennen. Trotzdem ist als Form die Demokratie das geringere Übel."[36]

Michels selbst sagt, dass die richtige Wertung der Demokratie nur dann möglich sei, wenn wir sie mit der Aristokratie vergleichen und er spricht sich dann über den relativen Wert der beiden derart aus, dass er die Demokratie als ein kleineres Übel deklariert.[37]

---

[34] Thomas G. Masaryk „Syndikalismus und Demokratie", 1912
[35] Robert Michels „Soziologie des Parteiwesens", zweite Auflage 1924, zweites Vorwort
[36] Robert Michels „Soziologie des Parteiwesens", Seite 377
[37] ebenda, Seite 375

Interessant ist, dass gerade Masaryk der Mann sein sollte, der dieses Problem auch praktisch in Angriff nahm. Das Michels'sche Problem der Oligarchiebildung besteht für Masaryk sehr wohl. Aber er glaubt an dessen Lösung. Diese lautet: Erziehung des Menschen zu selbstständigen Bürgern, moralischen Individuen, zu Demokraten. Wie schwierig und komplex diese Aufgabe ist, bezeugt die Geschichte. Die Erziehungsprogramme, die auf dem Prinzip einer Zweiteilung der Gesellschaft in Erzieher und zu Erziehende basieren und somit ein Beispiel par excellence für Oligarchiebildung darstellen, endeten, ihrer Glaubwürdigkeit beraubt, spätestens im leninistischen Begriff der Umerziehung.

Aber das muss nicht sein. Es lässt sich vermeiden, wenn eine entsprechende Institutionalisierung des Staatsganzen vorgenommen wird, wenn also die demokratischen Strukturen bereits so angelegt sind, dass sie einen demokratischen, rationalen und rechtsstaatlichen Ablauf der Interaktion von Wählern und Gewählten gewährleisten. Zum Verständnis sei hier auf den bereits erwähnten Karl Popper hingewiesen, von dessen kritischem Rationalismus Gerard Radnitzky sagt, er sei „eine der Grundlagen der Philosophie der Offenen Gesellschaft, des liberalen Rechtsstaates."[38]

Es ist aber auch klar, dass die Demokratie nicht mit einer negativen oder nur einschränkenden Theorie ihrer Wesensbestimmung allein auskommt. Der Formalismus des demokratischen Funktionierens bedarf eines füllenden Inhalts. Die Aufgabe der äußeren Form der Demokratie – Michels würde „Organisation" sagen – muss gerade so geartet sein, dass sie als sich selbst kontrollierend begriffen wird, gleichzeitig aber – ganz im Sinne des Liberalismus – genug Freiraum für den Menschen lässt, in welchem dieser

---

[38] Gerard Radnitzky in „Die Zukunft ist offen"

seine Interpretation des Pursuit of happiness realisieren kann.

Masaryk könnte als Antwort auf die Michels'sche Kritik der demokratischen Krise gesehen werden, zumal eine geschichtlich erfolgreiche. Denn die Institutionalisierung der Demokratie im Popper'schen Sinne einmal vorausgesetzt, können wir hier den Ansatz für eine permanente Kritik der Demokratie durch die Demokratie auf demokratischem Wege sehen und zwar in gleicher Weise, wie auch Michels ihn sah.

Michels: „Vielleicht aber liegt, wenn auch nicht die Heilung, so doch eine gewisse Milderung der oligarchischen Krankheit in dem Prinzip der Demokratie selbst."[39] „Es liegt im Wesen der Demokratie, die geistige Fähigkeit zur Kritik im einzelnen zu stärken und anzuspornen, wenn auch andererseits die Bürokratisierung ihrer Formen dieser Fähigkeit der Kontrolle wieder in hohem Maße Abbruch tut."[40]

Eben diese Bürokratisierung ist eine Frage der Institutionalisierung, eine Frage nach dem Führer. Und zu dieser Frage sagt Michels: „Die These von der unumschränkten Macht der Führer in den demokratischen Parteien bedarf einer Einschränkung. Der Führer ist theoretisch an den Willen der Masse gebunden. Ein Wink von ihr genügt und er hat abzutreten. Er ist jeden Augenblick absetz- und ersetzbar."[41]

So wird die Ethik, die Masaryk seiner Anthropologie des Demokraten zugrunde legt, „im Zeitalter der Demokratie" zu einer Waffe, „deren sich jedermann bedienen kann", wie Michels schreibt.[42]

---

[39] Robert Michels „Soziologie des Parteiwesens", Seite 375
[40] ebenda, Seite 375
[41] ebenda, Seite 179
[42] ebenda, Seite 17

Auf diese Weise ist die oligarchische Krankheit lokalisierbar und einschränkbar, selbst bei Michels. Der Weg ist die Institutionalisierung und das Aufbegehren im Sinne der Kritik. Selbst wenn dies nicht der Fall wäre, so enthebt die historische Notwendigkeit des oligarchischen Geschehens den Demokraten keineswegs „der Notwendigkeit ihrer Bekämpfung."[43]

Demokratie fordert Demokraten. Masaryk soll einmal geseufzt haben: „Demokratie hätten wir, jetzt brauchen wir noch Demokraten."

Jenseits des negativen Formalismus einer eher einschränkenden und verhindernden Institutionalisierung des Staates, der sich selbst in Ketten legt, entsteht und besteht in der Demokratie die Notwendigkeit demokratisch gesinnter Menschen. Vielleicht sind solche Demokraten eine Fiktion. Die Bestätigung oder Widerlegung dieser Hoffnung ist unsere Aufgabe. Sie wäre zugleich eine Antwort auf Alexis de Tocqueville, der auch ein wenig Robert Michels vorwegnahm, obwohl seine Ausführungen uns etwas mehr Zuversicht geben:

„Ich sehe eine unübersehbare Menge ähnlicher und gleicher Menschen, die sich rastlos um sich selbst drehen, um sich kleine und gewöhnliche Freuden zu verschaffen ... Über diesen Bürgern erhebt sich eine gewaltige Vormundschaftsgewalt, die es allein übernimmt, ihr Behagen sicherzustellen und über ihr Schicksal zu wachen ... In diesem System verlassen die Bürger für einen Augenblick ihre Abhängigkeit, um ihren Herrn zu bezeichnen, und fallen danach wieder in sie zurück ... ich bin der festen Überzeugung, daß man in der Welt nicht erneut eine Aristokratie würde begründen können; aber ich glaube, die einfachen Bürger können, wenn sie sich zusammenschließen, sehr machtvolle, einflußreiche und

---

[43] ebenda, Seite 376

starke Wesen, mit einem Wort: aristokratische Personen bilden. Man würde auf diese Weise einige der größten politischen Vorteile der Aristokratie ohne ihre Ungerechtigkeiten und Gefahren erhalten."[44]

Meine Antwort auf Michels wäre, seinen demokratiekritischen Ansatz als gegeben anzunehmen und seine Überwindung in einer entsprechenden Institutionalisierung zu suchen. Aber auch ein zweiter Weg muss gegangen werden, der der Demokraten. Das ist unsere Aufgabe, das ist unser Job, denn es liegt an uns. Vielleicht ist ein aussichtsloses Unterfangen. Aber Michels glaubte an vielen Stellen daran, auch wenn er letztlich resignierend den Faschisten in die Arme lief. Doch bekanntlich soll ein Beispiel nicht nur abschrecken, sondern auch anspornen und motivieren.

„Hegen wir also vor der Zukunft jene heilsame Furcht, die uns wachen läßt, nicht jenen schwächlichen und müßigen Schrecken, der die Herzen niederdrückt und lähmt."[45]

---

[44] Alexis de Tocqueville „Über die Demokratie in Amerika", Reclam 1985, „Welche Art Despotismus die demokratischen Nationen zu befürchten haben"
[45] ebenda, Seite 359

NATIONALISMUS

Wesen und Geschichte
der nationalen Idee

Vorwort

Ich schrieb diese Arbeit im Rahmen meiner Tätigkeit als Tutor am Sozialphilosophischen Institut der Universität Wien 1994 für ein Seminar über Nationalismus.

Ich erkläre darin die Begrifflichkeiten und Definitionen, gebe eine Übersicht über die weltanschaulichen Hintergründe und Lehren in ihrer geschichtlichen Entfaltung und ihrem politischen Wirksamwerden und skizziere die Entwicklung der nationalen Idee am Beispiel Österreichs und der Theoretiker und Praktiker aus diesem Umfeld.

Mit der Arbeit hatte ich ganz schön Arbeit. Ich gab mir Mühe, unterschiedliche Meinungen übersichtlich darzustellen, vernünftig zu erklären und dabei auch auf weitverbreitete Missverständnisse einzugehen. Gleichzeitig sollte ich aufgrund der Vorgaben bestimmte Richtungen und Bewegungen hervorheben und Denker und Akteure anführen, die normalerweise in diesem Ausmaß nicht vorkommen würden, wie beispielsweise der Bezug zu Österreich oder die Rolle Masaryks, für den ich als Experte gewissermaßen zuständig war. Möglicherweise sind es aber gerade diese Punkte, die meine Arbeit von anderen unterscheiden und Aspekte einbringen, die oft nicht gekannt werden, obwohl sie wichtig sind, von Renner über Bauer bis Seipel und Stalin. Gerade in Österreich, gerade im deutschsprachigen Raum und gerade an der Grenze zwischen germanischem und slawischem Sprachraum standen nationale Probleme am Tagesprogramm. Insofern zeigt dieses Beispiel interessante Zusammenhänge auf, die in dieser Form oft vielleicht nicht gesehen werden.

Während der Arbeit wurde mir immer stärker bewusst, dass der Nationalismus nicht primär eine selbstständige Ideologie darstellt, sondern eine Idee, die meist in Begleitung kommt und oft als Anhängsel fungiert. Jeder kann Nationalist sein, Linke und Rechte, Zentristen und jene, die mit Politik nichts am Hut haben. Nationalismus ist sehr oft ein Attribut, aber ein so mächtiges, dass er als eigene Größe erscheint.

Bereits der Begriff wurde und wird sehr schwammig verwendet, was möglicherweise gerade jene Eigenschaft darstellt, die ihn so attraktiv macht und weshalb er eine so überraschende Dynamik entwickelte. Manche Nationalismen sind derart leer, dass sie die beste Projektionsfläche für alle möglichen Wünsche und Hoffnungen darstellen und mit entsprechend unterschiedlichen Inhalten und Positionen gefüllt werden können.

Zusätzlich ist das Sprechen über Nationalismus nicht einfach, weil heute alles, was wir über ihn sagen, im Licht der Geschichte, zumal der europäischen, gesehen wird und oft negativ klingt. Das ist zumindest mein Eindruck und mein Empfinden. Aber der Nationalismus hatte und hat auch sehr viel mit positiven Werten zu tun, darunter auch der Freiheit. Ich spreche deshalb bewusst von der nationalen Idee. Um welche Idee es sich dabei handelt, muss je nach Nationalismus bestimmt werden.

Ich schrieb damals aus einer bestimmten Perspektive für ein bestimmtes Publikum – es war die Zeit vor dem EU-Beitritt Österreichs – und ich argumentierte deshalb in eine bestimmte Richtung bzw. gegen eine bestimmte Richtung, was sich im letzten Kapitel, der Schlussbetrachtung zeigt. Andere Bereiche kommen zu kurz, von Amerika bzw. vom Amerikanismus bis zu den Nationalismen anderer Kulturen. Insofern ist diese Arbeit eurozentrisch. Dafür präsentiert sie einige bedeutende, oft vergessene Vertreter des Nationalismus, ihre Ansätze und Zugänge.

Ich korrigierte die Arbeit sowohl inhaltlich als auch stilistisch und natürlich von der Rechtschreibung her, die noch aus der Zeit vor der Reform der Reform stammte. Auch damit hatte ich Arbeit, weil ich dazu die Arbeit erst einmal abtippen musste. Unglaublich, aber sie erblickte das Licht der Welt noch auf einer Schreibmaschine. Wenige Monate danach kaufte ich mir den ersten Computer. So ändern sich die Zeiten. Freuen wir uns.

Einleitung

Der Nationalismus bildet seit dem 18. Jahrhundert eine der bewegenden Ideen Europas. Als solche ist er der Willkür der Interpretation ausgeliefert und von Unklarheit durchdrungen, was den Versuch ihn definitorisch festzumachen oder seine verschiedenen Erscheinungsformen auf einen Nenner zu bringen erschwert, vielleicht sogar unmöglich macht.

Der Nationalismus ging Allianzen mit anderen Strömungen ein wie dem Liberalismus oder Sozialismus, wurde von diesen zugleich durch die Vorlagerung ranghöherer Werte wie dem Klassenkampf oder der Freiheit aus dem eigenen Lager ausgegrenzt und in eine Position bzw. Opposition getrieben, wo er sich als selbstständige Größe zu behaupten wusste.

Es wäre deshalb falsch, im Nationalismus nur schmückendes Beiwerk zu sehen, das der Selbständigkeit entbehrt, genauso wie es falsch wäre, ihn lediglich in seiner Singularität zu betrachten, geschweige denn ihn von vornherein als Konkurrenten im Gegensatz zu anderen sozialphilosophischen Richtungen zu stellen.

Es ist wichtig, sowohl die Ambivalenzen als auch die historische Eigendynamik des Nationalismus zu berücksichtigen und sich des breiten Differenzierungsspektrums innerhalb der verschiedenen Nationalismen bewusst zu sein. Den Nationalismus zu definieren hieße, seinen Inhalt einzuengen oder aber seinen Begriff auf eine Größe aufzublasen, die leer und ohne Nutzen bleibt. Die Aktualität des Nationalismus fordert zwar heraus. Das darf dennoch nicht dazu führen, dass wir den Nationalismus isolieren und ihn auf diese Weise in seiner Bedeutung sowohl über- als auch unterschätzen.

Wir erleben in Europa den Prozess des Zusammengehens der Nationen als die Erfüllung eines lang ersehnten Traums, der uns direkt auf die Idee des Nationalstaates verweist und in dessen Problematik eingebettet ist. Dem steht auf der anderen Seite das Phänomen der Desintegration gegenüber, wie ihn der Zerfall der UdSSR, der Tschechoslowakei und nicht zuletzt Jugoslawiens dokumentiert.

Durch die Erfahrungen der beiden Weltkriege und der ihnen zugrunde liegenden nationalen Hybris sensibilisiert und erschüttert, interpretieren wir nur allzu leicht diese Desintegration als neu erwachenden Nationalismus, der das postkommunistische Vakuum füllt. Eine solche Interpretation, die auf Biegen und Brechen jeden Schritt in Richtung Freiheit als übertriebenen Nationalismus abqualifiziert, geht an der Realität vorbei, weil sie die Bedeutung der nationalen Idee notwendigerweise falsch beurteilt. Das zeigt uns gerade das Beispiel des jugoslawischen Krieges, der sehr oft auf eine rein ethnische und nationale Auseinandersetzung reduziert wird, ohne die Machtkonstellationen und die sie fundierenden ideologischen Inhalte im Gegensatz zu demokratischen Forderungen zu berücksichtigen.[46]

Gleichermaßen dürfte eine solche Interpretation am Wesen der europäischen Integration vorbeigehen, da sie in ihr die Abkehr vom Nationalismus sehen müsste, ohne die nach wie vor relevante Beziehung zwischen Demokratie

---

[46] Siehe Jacques Rupnik „K původu tragédie" in „Svědectví", „Nationalismus – novodobá droga", 93, ročník XXV, Melantrich, sowie Aloiz Ivanisevic und Marijan Valkovic in „Minderheiten und nationale Frage. Die Entwicklung in Mittel- und Südosteuropa im Lichte der katholischen Soziallehre", Hrsg. Ingeborg Gabriel, Verlag Verband der Wissenschaftlichen Gesellschaften Wien, 1993, 1. Schriftenreihe des Instituts für Sozialpolitik und Sozialreform (Dr. Karl Renner-Institut)

und Regionalismus zu berücksichtigen. Selbst in einem vereinten Europa stellen sich Fragen nach Nationalität.

Eines der wohl bedeutendsten Probleme Europas ist in dieser Hinsicht die Minderheitenfrage. Das Minderheitenrecht, das nach dem Ersten Weltkrieg eingeführt wurde, ist allein nicht in der Lage, Konflikte aus der Welt zu schaffen.[47] Und schließlich bestätigt uns auch ein Blick zurück, dass die Geschichte über die Zerschlagung der großen Reiche zugunsten nationaler Autonomie gleichsam über einen Umweg zur Integration auf einer Basis der Freiwilligkeit und der Bereitschaft zur Zusammenarbeit führte, ganz in dem Sinne, wie es der österreichische Außenminister Alois Mock ausdrückte: „Der Erfolg der europäischen Integration gründet wahrscheinlich gerade darin, dass dieses Modell den Nationalstaat nicht ignoriert hat, sondern bewusst in eine – stetig wachsende – europäische Gemeinsamkeit eingebunden hat."[48]

---

[47] Zur Zeit sind 261 Minderheitengruppen in 99 Ländern der Unterdrückung oder Auslöschung ausgesetzt, siehe Sigrid Pöllinger und Matthias Röper in „Minderheiten und nationale Frage"

[48] Alois Mock in „Minderheiten und nationale Frage", Seite 180

Nation

Nation wird allgemein als eine bewusste und gewollte politische Gemeinschaft definiert. Das Wort selbst leitet sich vom lateinischen „Nation" (Volk, Volksstamm) ab, das seine sinngemäße Wurzel im Verb „nasci" (geboren werden) hat. Der Zusammenhang mit Familie, Sippe und dem Umkreis der Abstammung verweist auf einen Hintergrund, der eine gewisse Stammeseingebundenheit suggeriert, ohne dass diese als Kollektiv in ihren Grenzen bestimmt wäre.

Interessant ist, dass sich der Name einer Nation oft vom Territorium ableitet, so zum Beispiel die „Franken" als diejenigen, die das „Frankenreich" bewohnen. Im Gegensatz dazu stehen die „Deutschen", deren Bezeichnung auf eine sprachliche Unterscheidung zurückgeht als diejenigen, die „Deutsch" sprechen. In diesem Fall verhält es sich sogar so, dass auch die slawische Bezeichnung für Deutsche sich von der Sprache ableitet, denn die Deutschen werden als „Němci" bezeichnet, dessen Wurzel „stumm" heißt, sie sind also jene, die nicht der (gleichen) Sprache mächtig sind, während die Slawen die Sprache beherrschen und verstehen – „Slawe" kommt von „Slovan" und das kommt von „Slovo" (Wort, also jene, die des Wortes mächtig sind).

In der Vulgata wurde der Begriff der Nation noch ohne einen eindeutigen Unterschied neben „gens" und „populus" gestellt. Im Mittelalter bezeichnete er den Zusammenschluss der Studenten einer Fakultät in wirtschaftlicher und rechtlicher Hinsicht. In der deutschen Sprache wird der Ausdruck seit dem 14. Jahrhundert verwendet. Die heutige Bedeutung dürfte sich im Umfeld der Französischen Revolution herausgebildet haben, doch trotz dieser zeitlichen Bestimmung, die mit der Neuzeit zusammenfällt, darf der weit zurückreichende – auch emotionale – Hintergrund, der in der Sprache seinen Niederschlag findet, nicht übersehen werden.

Die Nation wurde verschieden interpretiert und definiert. So bestritt der Brite Seton-Watson, ein Kenner des Nationalismus und persönlicher Freund und Helfer Thomas Masaryks, die Möglichkeit einer genauen wissenschaftlichen Definition und interpretierte die Entstehung der Nation als „when a significant number of people in a community consider themselves to form a nation, or behave as if they formed one."[49] Max Weber sprach von einem spezifischen Solidaritätsempfinden gewisser Menschengruppen anderen gegenüber. Und Ernest Renan prägte die berühmte Formel: „L'existence d'une nation est ... un plébiscite de tous les jours." Für ihn war die Nation „une et indivisible", eine durch Leiden und Freuden der Geschichte entstandene geistige Gemeinschaft, die den Willen hat, ihr Erbe zu übernehmen und zusammenzubleiben. Im Anschluss an diese Definition sprach auch Ludwig von Mises, österreichischer Liberaler und Vertreter der Wiener Schule der Nationalökonomie, von der Nation, die „aus dem Willen von Menschen, in einem gemeinsamen Staat zusammenzuleben" entsteht.

Entscheidend bei diesen Definitionen ist der bekundete Wille zu einer Nation. Dies ist das charakteristische Merkmal des Nationalismus, obwohl es, insbesondere in der deutschen Literatur, keinen so hohen Stellenwert genießt. Das ist wohl darauf zurückzuführen, dass im Englischen und Französischen die Begriffe „Staat" und „Nation" weitgehend identisch sind. Die puritanische Revolution in

---

[49] Zitiert nach Peter Alter „Nationalismus", Suhrkamp, Frankfurt am Main 1985, Seton-Watson, Weber, Renan (die weiteren Zitate in diesem Zusammenhang beziehen sich ebenfalls auf diese Publikation).

England, die amerikanische Revolution und auch die Französische Revolution konnten ihren Emanzipationsbestrebungen durch das Schlagwort der „Nation" umso besser Ausdruck verleihen, weil Staatsvolk und Staatsterritorium als Staat und Nation zusammenfielen, in den beiden ersten Fällen natürlich verstärkt bedingt durch die insulare Lage.

Der Export der nationalen Idee ins restliche Europa musste auf Schwierigkeiten stoßen. Bei den Deutschen konnten Staat und Nation nicht zusammenfallen, da sie sich nicht deckten. Die Deutschen waren über Mittel- und Osteuropa verstreut. Das charakteristische Merkmal ihrer Zusammengehörigkeit war in erster Linie die Sprache, was auch die Formulierung Ernst Moritz Arndts erklärt, des Deutschen Vaterland sei „soweit die deutsche Zunge klingt und Gott im Himmel Lieder singt." Ein ähnliches Schicksal teilten auch andere Völker wie beispielsweise die Juden, die in der österreichischen Monarchie nicht den Status einer eigenen Nation hatten, oder die Zigeuner.

Es verwundert daher nicht, dass sich im 19. Jahrhundert die Unterscheidung zwischen „Kulturnation" und „Staatsnation" herausbildete, die auf Friedrich Julius Neumann zurückgeht ("Volk und Nation", 1888) und die Friedrich Meinecke popularisierte ("Weltbürgertum und Nationalstaat", 1908).[50] Man war gezwungen, die verschiedenen Elemente, die zur Konstituierung einer Nation beitragen, zu sammeln, sie als geschlossenes Ganzes zu präsentieren und ihr Wesen zu bezeichnen.

So war die Nation eine Form politisch organisierter Gesellschaft nach gemeinsamen Merkmalen wie Sprache, Religion, politischer Tradition, Kultur usw. Die nationale Idee verlangte nach einer Rechtfertigung, die selbstredend

---

[50] Siehe Leon Poliakov „Der arische Mythos"

über die politisch und historisch festgelegten Grenzen hinausging.

Dementsprechend definierte Karl Renner, Austromarxist und erster Präsident der österreichischen Zweiten Republik, die Nation als „Culturgemeinschaft", „Gemeinschaft des Gedanken- und Gefühlslebens, also ein rein Innerliches".[51] Die Nation war für ihn „ein politischer Begriff ... in der Vergangenheit ohne Ebenbild, wenn auch nicht ohne Gleichnis", entstanden durch die Loslösung vom mittelalterlichen Universalismus der Kirche, des Weltkaisertums und der ständischen und partikularistischen Zersplitterung, also eine communitas, keine societas, eine organisierte Ganzheit.[52]

Eine Steigerung der Betonung der Geschichte und ihres – auch wenn es im Falle eines sozialistischen Denkers paradox klingt – geradezu idealistischen Inhalts erfuhr der Nationsbegriff bei Otto Bauer: „Die Nation ist die Gesamtheit der durch Schicksalsgemeinschaft zu einer Charaktergemeinschaft verknüpften Menschen."[53] Bei Otto Bauer spielte der Nationalcharakter eine wesentliche Rolle. Er war ihm eine „aus der Schicksalsgemeinschaft resultierende Verschiedenheit der Willensrichtungen". Otto Bauer unterschied dabei drei Hauptgruppen der Nationstheorien: Metaphysische Theorien, die sich entweder auf einen nationalen Spiritualismus à la Fichte und seinen Volksgeist stützen, oder auf einen nationalen Materialismus, der, zumindest zu Bauers Zeit, in der Theorie des „Keimplasmas" seine Wurzeln hatte;

---

[51] Karl Renner „Staat und Nation. Zur österreichischen Nationalitätenfrage", Josef Dietl, Wien 1899 (Pseudonym Synopticus), Seite 13 und 15

[52] Karl Renner „Das Selbstbestimmungsrecht der Nationen", 1. Teil „Nation und Staat", 2. Auflage 1918, Seite 7 und 6

[53] Otto Bauer „Die Nationalitätenfrage und die Sozialdemokratie", Hrsg. Max Adler, Rudolf Hilferding, Wien 1907, Seite 118

psychologische Theorien, die sich in psychologisch-intellektualistische unterteilten, also die Erkenntnis des Zusammengehens betreffend, und psychologisch-voluntaristische, also jene, die den Willen zur politischen Einheit betonten; empirische Theorien, die sich mit einer Aufzählung der Elemente begnügten. Diesen Theorien hielt Bauer seine Theorie der Schicksalsgemeinschaft entgegen, die insofern plausibel klingt, als Menschen, die zusammenleben, Gemeinsamkeiten haben bzw. entwickeln, auf der anderen Seite aber kaum in den Rang einer wissenschaftlichen Theorie erhoben werden kann. Es ist in etwa so, als wollte man eine Ehe dadurch definieren, dass man versucht, die übereinstimmenden Gemeinsamkeiten des Gemüts der beiden Ehepartner herauszufinden – eine Arbeit, die die Mühe nicht lohnt und letztlich am Wesen der Ehe vorbeigeht. Darüber hinaus verläuft die Nationalcharakter-Argumentation in einem Zirkelschluss: Um den Nationalcharakter einer Nation zu definieren, müssen wir die Nation definieren, die aber laut Ansatz bereits durch den zu ermittelnden Nationalcharakter definiert ist.[54]

Stalin, der 1913 in Wien seine Schrift „Marxismus und nationale Frage" verfasste, ging in seinen Untersuchungen von Renner und Bauer aus.[55] Sein Ergebnis war, dass sich

---

[54] Gegen Bauers Nationalcharakter opponiert auch Karl Kautsky: „Die Gemeinsamkeit eines Nationalcharakters, von dem niemand so recht weiß, wie er aussieht und der unser Zusammenleben politisch nicht beeinflusst, erklärt dagegen gar nichts davon." Zitiert nach Norbert Leser „Marx und Mazzini" in „Odysee des Marxismus", Verlag Fritz Molden, Wien, 1. Aufl. 1971, Seite 277.
[55] Stalin schrieb diese Arbeit im Auftrag Lenins. Sie fand große Anerkennung, woraufhin Stalin zum Nationalitätenkomissar ernannt wurde, was den Grundstein für seine Karriere legte. Im gleichen Jahr befand sich auch Adolf Hitler in Wien, ohne dass die beiden voneinander Kenntnis gehabt hätten. Hitler kehrte

die österreichischen Verhältnisse nicht auf Russland übertragen ließen. Er definierte die Nation als „eine historisch entstandene stabile Gemeinschaft von Menschen, entstanden auf der Grundlage der Gemeinschaft der Sprache, des Territoriums, des Wirtschaftslebens und der sich in der Gemeinschaft der Kultur offenbarenden psychischen Wesensart ... Nur das Vorhandensein aller Merkmale zusammen ergibt eine Nation."[56] Für ihn war, gemäß der marxistischen Lehre, die Nation eine historische Kategorie des aufsteigenden Kapitalismus, die mit der Bourgeoisie fallen würde. Dabei betonte er das sozialökonomische Milieu, wodurch er der sozialistischen Grundüberzeugung vom Primat der Produktionsverhältnisse seinen Tribut zollte und in dieser Hinsicht der Ideologie wesentlich treuer war als Otto Bauer, geschweige denn Karl Renner.

Einen anderen Zugang finden wir auf der christlichen Seite. Ignaz Seipel, österreichischer christlich-sozialer Politiker, setzte die Nation mit Schicksalsgemeinschaft gleich, wobei er zusätzliche Elemente anführte, die für die Konstituierung der Nation unablässig sind wie Sprache,

---

Wien ebenfalls den Rücken, da er fand, die Habsburger-Monarchie betreibe eine Politik für die Slawen unter Missachtung des germanischen Volkes. Auch Coudenhove-Kalergi, der Gründer der Paneuropa-Bewegung, der dieses Jahr, in dem über den EU-Beitritt Österreichs entschieden wird, übrigens sein 100-jähriges Geburtsjubiläum feiern würde, befand sich zu dieser Zeit in Wien. Karl Renner – zu diesem Zeitpunkt noch sozialdemokratischer Vizekanzler – wollte nach dem Ersten Weltkrieg die Funktion des Vertreters der Paneuropa-Bewegung übernehmen und auch Kanzler Ignaz Seipel erklärte sich bereit, den Vorsitz der österreichischen Paneuropa-Bewegung zu übernehmen. Siehe Martin Posselt im Nachwort zu „Panevropa", Richard N. Coudenhove-Kalergi, Panevropa Praha 1993.

[56] Josef Stalin „Marxismus und nationale Frage", Werke, Band 2, 1907–1913 Westdt. Ausgabe, Frankfurt 1972, Seite 272

Volk, Boden usw. Die Nation war ihm eine „Lebensgemeinschaft": „Unter 'Nation' verstehen wir daher eine aus mehr oder weniger gleichartigen, zum mindesten aber assimilationsfähigen Elementen vom Schicksal zur Kultur- und Spracheinheit zusammengeschweißte Menschenmasse", wobei Schicksal als „Fügung und Führung durch einen über den Geschicken waltenden Gott" und die Nation als „Gotteswerk" interpretiert wird.[57] In der Unterscheidung Johannes Messners war Nation das Mittelglied zwischen Staat und Volk, dennoch ein „variabler Begriff", eine Schicksalsgemeinschaft und Willenseinheit, „zu allererst geistigen Wesens".[58]

An diesen Definitionen und Unterscheidungen sind nicht nur die ideologische Ausrichtung und die weltanschauliche Vielfalt ersichtlich, sondern auch das Problem, die Nation zu fassen, obwohl sie unfassbar scheint. Die Aufzählung der einzelnen Elemente ist weder erschöpfend noch kann sie das sein. Das beste Beispiel dafür sind die Schweiz mit ihren vier Sprachen oder die Siebenbürger Sachsen, die sich als Deutsche empfinden und dabei weder Territorium noch Geschichte (zumindest keine unmittelbare) noch eine „Schicksalsgemeinschaft" mit anderen Deutschen teilen. Auch ihre Wirtschaft und ihr politisches System weichen von denen der Deutschen in Deutschland ab.

Oft gesellen sich zum Begriff der Nation weitere Begriffe, die zum Teil noch unklarer sind, aber einen höheren emotionalen Stellenwert besitzen. So der Begriff der „Heimat", dessen Wurzel „Heim" sich vermutlich vom indoeuropäischen „kei" ableitet, was soviel wie „liegen" heißt; das „Vaterland", das auf das lateinische „pater"

---

[57] Ignaz Seipel „Nation und Staat", Wilhelm Braumüller K. K. Universitäts-Verlagsbuchhandlung, Wien und Leipzig 1916, Seite 78 und Seite 10
[58] Werner Freistetter in „Minderheiten und nationale Frage"

zurückgeht und nicht nur Vater bedeutet, sondern auch mit dessen sozialer und funktionaler Stellung als Haupt der Familie, als Erzeuger und Ernährer zusammenfällt und sich im Deutschen im 12. Jahrhundert einbürgerte; und das „Volk", ein altgermanisches Substantiv, dessen Herkunft nicht geklärt ist.

Die Bedeutung des „Volks" in der indoeuropäischen Sprachfamilie könnte am ehesten mit „Leute" (engl.: folks), „Haufen", „Angehörige" wiedergegeben werden, aber auch als „Kriegsschar", „Kriegsvolk" und „Fußvolk", im Lateinischen sogar „plebs", was die unteren sozialen Schichten bezeichnet. Möglicherweise leitet sich „Volk" auch von „viel" ab. Für gewöhnlich wird Volk aber als die in der Regel auf Sprachgemeinschaft und bzw. oder Blutsverwandtschaft aufgebaute Gesellschaft im Unterschied zur Nation bezeichnet, was die Sache allerdings nicht vereinfacht, denn Sprache ist bei der Definition der Nation das Problem und nicht die Lösung und Blutsverwandtschaft nicht nur aufgrund der Vermischung, sondern bereits als Idee eine Fiktion. Die Probleme mehren sich, wenn man an Wortkreationen wie „Volksseele" (Hegel) oder „Volkstum" (Jahn) denkt.[59]

---

[59] Eine besonders schöne und ich glaube auch treffende Beschreibung des Vaterlandes hat Leonhard Frank gegeben, der jenseits aller linguistischen, historischen und weiteren Definitionen 1917 Folgendes schrieb: „Das Vaterland ist eine Gasse, in der wir als Kinder am Abend gespielt haben, ist ein von der Petroleumlampe sanft beleuchteter Tischrund, ist das Schaufenster des Kolonialwarenhändlers im Nachbarhause; das Vaterland ist im Garten der Nussbaum, auf dessen Früchte wir gewartet haben, ist ein Flusstal, die Biegung eines Flusstales; das Vaterland ist eine altersgraue Holzpforte an der Rückseite des Gartens, ist der Geruch von Äpfeln, die auf dem Ofen brieten, ist Kaffee- und Kuchengeruch im durchwärmten Elternhause, durch Wiesen ein schmaler Pfad, der zur Stadt zurück oder aus der Stadt hinausführt, ist ein Gang auf diesem Pfade, das Verklingen eines Kinderliedes, das Abendläuten an einem bestimmten Tage unserer

Ein besonderer Begriff verdient besonderes Interesse – der „Staat". Der Staat gilt als die höchste organisierte Ordnungseinheit des menschlichen Zusammenwirkens und zeichnet sich durch ein Staatsvolk, ein Staatsgebiet und eine Staatsgewalt aus, die das Monopol der legitimen physischen Gewaltanwendung darstellt. In seiner heutigen Bedeutung wurde der Begriff erst im 17. Jahrhundert verwendet, ist aber im Deutschen ein bereits im 15. Jahrhundert bezeugtes Substantiv, das sich vom lateinischen „status" (stare = stehen) ableitet. Aristoteles definierte den Staatszweck als „ein Leben in Glückseligkeit", obwohl der Staat „aus der Notdurft des Lebens" erwächst (wird so oft bei Renner zitiert). Hegel sprach vom Staat als der „Wirklichkeit der sittlichen Idee", dem „an und für sich Vernünftigen". Solcher verherrlichend etatistischen Sicht stehen nüchterne bis pessimistische gegenüber wie die Machiavellis, für den der Staat ein Machtapparat des Souveräns war. Max Weber definierte den Staat als Herrschaftsverhältnis, das sich auf das Mittel der Legitimität stützt und Ralf Dahrendorf als „Institution, die von realen gesellschaftlichen Gruppen getragen wird." Thomas Masaryk sah im Staat eine politische Organisation, in der Nation eine kulturelle.[60] Johann Gottlieb Herder verglich die Nationen mit den Ästen eines Baumes, der die Menschheit symbolisiert (Masaryk bemühte ebenfalls diesen Vergleich) und für Giuseppe Mazzini war die Nation „ein Werkzeug zur Arbeit für die Fortentwicklung des Ganzen", „geweiht und geheiligt durch

---

Kindheit ... Nicht der Staat ist das Vaterland für den Menschen, sondern die Erinnerung an freundliche Minuten der Kinderzeit, die Erinnerung an die von Hoffnung noch verschönten Blicke ins zukünftige Leben." Zitiert nach Robert Michels „Patriotismus", Seite 84/85.

[60] Karel Čapek „Gespräche mit T.G. Masaryk", Seite 341

die menschliche Aufgabe, die sie nach ihrer besonderen Befähigung zu lösen berufen ist."[61]

Betrachtet man diese unterschiedlichen, unklaren und durchaus willkürlichen Begriffsbestimmungen der Nation und mit ihr zusammenhängender Phänomene, fragt man sich, wie es möglich sein soll, mit solchen Defiziten in den Kampf „für die Nation" zu ziehen und sie zu jenem obersten Gut zu erheben, aus dessen Perspektive das Zusammenleben der Menschen, sogar der gesamten Menschheit, geregelt werden soll. Vielleicht war es aber eben dieser Umstand der Nichtfassbarkeit, der Unfassbarkeit der Nation, der die Geister beflügelte und ihren Enthusiasmus wachsen ließ, der schließlich zum Nationalismus führte.

---

[61] Norbert Leser „Marx und Mazzini", Seite 289

Nationalismus

Ist die Frage nach der Nation, dem Volk, dem Vaterland oder der Heimat problematisch, so tritt beim Versuch einer Begriffsbestimmung des „Nationalismus" noch erschwerend der Umstand einer zusätzlichen subjektiven und emotionalen Wertung hinzu, die aus den furchtbaren Erfahrungen des 20. Jahrhunderts erwächst. Obwohl der Nationalismus wertfrei zur Kennzeichnung einer Bewegung oder Idee dient, die nationale Inhalte hat, wird unter Nationalismus oft eine übertriebene Steigerung des normalen Nationalgefühls verstanden, wobei auch hier die Worte versagen. Die Ausweichmöglichkeiten sind beispielsweise „Patriotismus" oder „Liebe zur Heimat". Selten werden sie aber im Gespräch in dieser Form stehen gelassen. Was meistens folgt, ist eine Rechtfertigung und Erläuterung dieses Patriotismus, der im nächsten Atemzug gegen jeden Radikalismus abgegrenzt wird.

Eugen Lemberg schrieb schon zu Beginn seiner „Geschichte des Nationalismus": „An einem Beispiel aus der Psychiatrie sei dieser Sachverhalt deutlich gemacht: Unter Schizophrenie versteht der Seelenarzt die einseitige Ausprägung und Übersteigerung einer Anlage, die an sich nicht pathologisch ist, vielmehr erst durch diese Übersteigerung oder Einseitigkeit einen pathologischen Charakter erhält. Diese normale Anlage nennt er schizothym. Heute meint man mit Nationalismus häufig die einseitige Übersteigerung, die in jenem Bild dem Begriff der Schizophrenie entspricht. Nun fehlt uns aber ein Name für jene zunächst nicht anomale Anlage, die in dem Bild aus der Psychiatrie schizothym heißt."[62]

---

[62] Eugen Lemberg „Geschichte des Nationalismus in Europa", Brücken Verlag, Linz 1950, Seite 13 (I 1)

Aus diesem Grund möchte ich im weiteren Verlauf von der „nationalen Idee" sprechen. Gerechtfertigt wird dieser Schritt nicht nur durch die emotionale Vorbelastung seitens des „Nationalismus", sondern auch durch den Umstand, dass der Nationalismus eben eine Idee ist. Wir finden wohl keinen Theoretiker des Nationalismus, der diese Idee zu einem in sich abgeschlossenen System ausgearbeitet hätte und keinen Nationalisten, der nur ein Nationalist wäre. So gesehen ist der Nationalismus als geistige Strömung nicht dem Sozialismus oder Liberalismus als selbständige Größe gegenüberzustellen, auch wenn er sich durchaus selbständig behauptete und von einzelnen Persönlichkeiten getragen wurde. Vielmehr ähnelt er in dieser Hinsicht den Phänomenen des Revolutionismus, Militarismus, Pazifismus u. a., also Überzeugungen, die selten allein und ausschließlich für sich selbst stehen, sondern dem Sozialismus, Liberalismus, Konservatismus und anderen zugrunde liegen können, aber nicht müssen.[63]

Ich möchte deshalb den Nationalismus, eingedenk der erwähnten Probleme oder sogar der Unmöglichkeit einer Definition und deshalb lediglich zur Orientierung, als eine Idee definieren, die die Menschen zur Vereinigung in einer Gruppe führt, wobei die Bestimmungskriterien dieser Idee

---

[63] Das Brockhaus-Lexikon definiert den „Nationalismus" als „übersteigerte Erscheinungsform des Nationalgedankens". Eugen Lemberg nennt ihn „ein System von Vorstellungen, Wertungen und Normen, ein Welt- und Gesellschaftsbild", das einer sozialen „Großgruppe ihre Zusammengehörigkeit bewusst macht und dieser Zusammengehörigkeit einen besonderen Wert zuschreibt, mit anderen Worten, diese Großgruppe integriert und gegen ihre Umwelt abgrenzt." Karl Deutsch spricht von einer „Geistesverfassung", die „nationalen" Nachrichten, Erinnerungen und Vorstellungen einen bevorzugten Platz in der gesellschaftlichen Kommunikation und ein stärkeres Gewicht bei politischen Entscheidungen einräumt. Zitiert nach Peter Alter „Nationalismus".

dem Umkreis historischer, linguistischer, phylogenetischer, territorialer und anderer Identifizierungprinzipien entnommen sind und nach Legitimierungsbedarf schwanken.

Der springende Punkt ist eben der Legitimierungsbedarf, der Rechtfertigungsgrund, der Rechtfertigungswunsch. Umsonst würde man sich die Mühe machen, alle Elemente, die zur Konstituierung einer Nation erforderlich sind, zu suchen. Denn ihre Bedeutung ist sekundär. Einzelne Theoretiker haben als Erstes die Vision von so etwas wie einer Nation und erst im zweiten Schritt, gleichsam wie um ihren Ausführungen und Forderungen Nachdruck zu verleihen, suchen sie nach den Bestimmungsmerkmalen. So ist es auch zu erklären, warum Angehörige einer Nation keineswegs übereinstimmende Merkmale angeben und oft sogar den Bezug zu einer solchen Nation vermissen. In ihrer Sicht ist die Nation eben die Nation, das fühlt man, das weiß man. Ein Schweizer Nationalist könnte sich, wie erwähnt, kaum auf die Gemeinsamkeit der Sprache berufen. Ein in Amerika lebender Deutscher, der sich zu seinem Deutschtum bekennt, könnte kaum Anspruch auf ein gemeinsames Wohngebiet und eine individuell nachvollziehbare Schicksalsgemeinschaft mit dem deutschen Volk erheben. An erster Stelle steht also der Wille, das Bekenntnis zu einer Nation.

In ähnlicher Weise interpretiert es auch Hans Kohn: „Der Nationalismus ist in erster Linie und vor allen anderen Dingen eine Geisteshaltung, eine Bewusstheit", Blut, Rasse, Volksgeist als Grundlagen der Nationalität „verweisen uns lediglich auf mythische, prähistorische Pseudo-Realitäten … Obgleich einige dieser sachlichen Faktoren von großer Bedeutung für die Bildung von Nationalitäten sind, so ist das Wichtigste doch ein lebendiger und reger

Gemeinschaftswille."[64] Laut Kohn sprechen gegen die einzelnen Faktoren wie Abstammung, Sprache, Landschaft u. a. genug Gründe, um ihren Stellenwert zu relativieren. So zum Beispiel im Fall der Abstammung die Vermischung, im Fall der Sprachen das Beispiel der Schweiz, Lateinamerikas, wo vorwiegend portugiesisch und spanisch gesprochen wird oder die Beziehung zwischen Norwegen und Dänemark, wo nicht nur Gemeinsamkeiten hinsichtlich der Abstammung, sondern auch der Sprache bestehen. Im Fall der Sitten und Traditionen, die Rousseau betonte, könnte die Frage nach den lokalen Größenordnungen gestellt werden und was das Politische anbelangt, so genügt ein Verweis auf die österreichische Monarchie.[65] Die nationale Idee ist historisch gesehen ein positiver Wert, der auf die Erfüllung freiheitlicher Forderungen drängt, sich im Bejahen von etwas Gegebenem oder Gewünschtem äußert, das der Kategorie des „Nationalen" entlehnt ist, sich aber negativ als „Selbständigkeit, Unabhängigkeit von etwas" manifestiert.

Allgemein werden drei Arten des Nationalismus unterschieden:[66] Erstens der Risorgimento-Nationalismus als Emanzipation von einem bestehenden System politischer Herrschaft (Beispiel Herder, Mazzini u. a.), zweitens der Reform-Nationalismus als Emanzipation bereits

---

[64] Hans Kohn „Die Idee des Nationalismus. Ursprung und Geschichte bis zur Französischen Revolution", S. Fischer Verlag 1962 (1. Auflage 1944), Seiten 17, 19 und 22
[65] Hans Kohn wurde übrigens 1891 in Prag geboren, in der „Habsburgermonarchie", wie er selbst sagt, „die sowohl ihrer Idee als auch ihrer Struktur nach wesentlich älter war als das Zeitalter des Nationalismus", befand sich fünf Jahre in Turkestan und Sibirien in russischer Gefangenschaft, lebte in Paris, London und Jerusalem und gilt als Kenner des Nationalismus unter den amerikanischen (!) Historikern, wo er am Smith College und dem City College of New York Geschichte unterrichtete.
[66] Nach Peter Alter „Nationalismus"

bestehender Systeme aus Konfrontations-Konstellationen (Beispiel Imperialismus u. a.), drittens der integrale Nationalismus als Absolutsetzung der Nation, der auch als radikaler, extremer, militanter, aggressiver, expansionistischer usw. Nationalismus bezeichnet wird (Beispiel Charles Maurras u. a.).

Ich möchte nun die geschichtliche Entwicklung der nationalen Idee skizzieren, ihren Inhalt und dessen Wandlungen aus der Perspektive der historischen Dynamik schildern, die Licht auf die Unklarheiten der statischen Definitionen wirft.

Was das Entstehungsdatum des Nationalismus anbelangt, gehen die Meinungen auseinander. Für gewöhnlich nennt man die Französische Revolution, die die Idee des Nationalstaates propagierte und ihr Leben einhauchte.

Nach Eugen Lemberg beginnt der Nationalismus mit dem Hussitismus. „Die erste große Revolution dieser Art in der abendländischen Geschichte, die zu einem sehr modern anmutenden Nationalismus führte, und also das erste bedeutende Beispiel der Ausbildung einer Nation nicht vom Staate her, sondern im Kampf gegen und um den Staat, ist der Hussitismus.“[67] Der Hussitismus war zwar eine religiöse Bewegung, aber die konfessionellen Umstände innerhalb des Habsburgerreiches, das katholisch war, machten ihn zu einem Politikum. Die im weiteren Zuge betriebene Rekatholisierung der Länder der Wenzelskrone wurde als entsprechend als politischer Akt gesehen und empfunden. Dieser erreichte 1620 durch die Schlacht am Weißen Berg und ein Jahr später durch die öffentliche Hinrichtung führender böhmischer und mährischer Adeliger und Vertreter der Intelligenz seinen Höhepunkt. Das führte zur

---

[67] Eugen Lemberg „Geschichte des Nationalismus“, Seite 137 (III 17)

Festigung der Macht der Habsburger auf der einen Seite, auf der anderen aber zur Zeit der Finsternis, wie sie der Schriftsteller Alois Jirásek bezeichnete, die das Selbstbewusstsein des Volkes schmälerte. Das bedingte die politische Wiedergeburt ("obrození") im 19. Jahrhundert, die an sich nicht nötig gewesen wäre, weil der rechtliche Rahmen der Monarchie im Grunde genommen keine nennenswerten Änderungen gebracht hatte, wie der tschechische Historiker Pekař ausführt.[68]

Ein anderes historisches Beispiel der Bekundung des Nationalismus war die Teilung bzw. waren die Teilungen Polens (1772, 1793, 1795), wie Lord Acton und Jacob Talmon ausführen.

Lord Acton: „Zum ersten Mal in der Geschichte der Neuzeit wurde ein Großstaat vernichtet und ein ganzes Volk unter seine Feinde aufgeteilt. Diese ruchlose Tat, der revolutionärste Akt des alten Absolutismus, erweckte den Nationalismus in Europa, indem er ein schlummerndes Recht in einen Anspruch und ein dumpfes Gefühl in eine politische Forderung verwandelte … Dieses Prinzip, aus der ersten Teilung Polens geboren, dem die Französische Revolution seine theoretische Grundlage gegeben und das Napoleonische Kaisertum zu einer kurzen, krampfhaften Kraftanstrengung aufgepeitscht hatte, reifte nun infolge der lang andauernden Irrtümer der Restauration zu einem Lehrgebäude heran, das in der damaligen Lage Europas seinen Nährboden und seine Rechtfertigung fand."[69]

Auch nach Talmon stand die Nationalitätenfrage in Polen zuerst auf der Tagesordnung:[70] „Here was a nationalism

---

[68] Die Renaissance des Hussitismus im 19. Jahrhundert war in diesem Sinne auch eine Reaktivierung der politischen Inhalte, die politisch-emanzipatorisch interpretiert wurde.

[69] Lord Acton „Revolution oder Freiheit", Reclam 1952, aus dem Englischen von Gerolf Coudenhove-Kalergi, Seite 54 und 63

[70] Jacob Talmon „Politischer Messianismus. Die romantische

based not on a territory, but carried in the heart, not focused in a government, but riveted to a dream, not with a constitution as its point of reference, but with a vision of redemption as its guiding star."[71] Interessant an der Teilung Polens ist hinsichtlich des hier zum Leben erwachten Nationalismus vor allem der Umstand, dass Polen zum nationalen Bewusstsein gewissermaßen gezwungen wurde. Der polnische Nationalismus war die Reaktion auf einen Akt politischer Willkür, der den Polen ihre nationale Existenz in dem Augenblick vor Augen führte, wo diese angegriffen wurde.

Nach Hans Kohn nimmt die Geschichte des Nationalismus, wenn man den Begriff weiterfasst, ihren Anfang in vorchristlicher Zeit. Hier sind die zwei großen Vertreter der nationalen Idee, Israel und Hellas, denen das „Gefühl der Gleichheit und der Schicksalsgemeinschaft des gesamten Volkes"[72] gemeinsam ist, während andere Hochkulturen wie beispielsweise Ägypten ihre Identifikation durch die Person des einzelnen Herrschers erfahren. Im Fall der Hebräer sind es vor allem drei Elemente, die auf den Nationalismus und die Zusammengehörigkeit im Namen der Gleichheit und Solidarität hinweisen: Erstens die Auserwähltheit des Volkes, zweitens das Bewusstsein der nationalen Geschichte und drittens der nationale Messianismus. Diese sollten später unter anderem für Houston Stewart Chamberlain ein Anlass sein, die Juden für dieses erste „Rassenreinhaltungsgesetz" zu bewundern, ihnen „religiöse Intoleranz" vorzuhalten und gleichzeitig von der „jüdischen

---

Phase", Westdeutscher Verlag, Köln und Opladen 1963, Seite 32
[71] Jacob Talmon „The myth of the nation and the vision of revolution. The origins of ideological polarisation in the twentieth century", Secker & Warburg, London 1981", Seite 35
[72] Hans Kohn „Die Idee des Nationalismus", Seite 12

Gefahr" zu sprechen.[73] Das Besondere an dieser Auserwähltheit war, dass ihr keine Theorie des Blutes wie im Rassismus des 19. und 20. Jahrhundert oder im Blaublütigkeits-Prinzip der Aristokratie zugrunde lag, sondern ein Willensakt: „Nicht durch Geburt, sondern durch die Beschneidung fand man Aufnahme in den Bund Abrahams."[74] Aber das Element der Abgrenzung war hier gegeben, bei den Juden als Kontraposition zu den Heiden und bei den Griechen zu den Barbaren.[75]

Die griechische Polis, nach innen demokratisch, grenzte sich nach außen ab, was ja bereits durch die Anerkennung

---

[73] Es ist eine wahnsinnige Geschichte, die eine entsprechend wahnsinnige Geschichte schrieb, siehe Houston Stewart Chamberlain „Grundlagen des 19. Jahrhunderts" (Vorwort): „Die Juden verdienen Bewunderung ..." (Seite 382). Das Gesetz des Blutes liegt nach Chamberlain begründet im Deuteronomium 13,2, 5. Mose 7,3, 2. Mose 34,16 und Esra 9,2. Die religiöse Intoleranz bespricht er auf der Grundlage von Jesaja 17,5 (Seite 505). Seine pseudowissenschaftlichen, zum größten Teil axiologisch-ästhetizisierenden Ausführungen, die heute nur noch geschmacklos anmuten, sind insofern von Bedeutung, weil sie eine Brücke zu Hitlers antisemitischen Argumenten darstellen. So zitiert Chamberlain, wenn es darum geht, die Juden zu verurteilen, die „Selbstzeugnisse" der Juden: 2. Mose 12,9, 5. Mose 9,13 und Jer. 9,5 und schließt daraus: „Für die unglaubliche Unwissenheit über die Natur der Juden, die unter uns herrscht, sind wir also allein verantwortlich; nie hat ein Volk ein so umfassendes, aufrichtiges Bild seiner Persönlichkeit gegeben wie der Hebräer in seiner Bibel ..." (Seite 392). Hitler wiederum sah im Juden die Verkörperung des Kapitals und des Wuchers, was er ebenfalls mit der Berufung auf das Alte Testament und das „im Schweiße Deines Angesichts" rechtfertigte, woraus er schloss, dass dem Juden die Arbeit zuwider ist und er sich deshalb lieber den Spekulationen und dem Grundstückerwerb hingibt (siehe insbesondere Hitlers Frühschriften).
[74] Hans Kohn „Die Idee des Nationalismus", Seite 41
[75] Das griechische „barbaros" bedeutet „ungewöhnlich, fremd, ungesittet, unwissend" und „barbare" im Sanskrit heißt soviel wie „stammeln, nichtarisch", siehe Hans Kohn „Die Idee des Nationalismus", Seite 13.

der Bürgerschaft angezeigt wurde und dem geringen Prozentsatz derer, die eine Aufnahme in diesen „demokratischen" Bund fanden. Alexander der Große war es, der dem Universalismus den Weg bahnte – wie Hans Kohn bemerkt, ziemlich „ungriechisch" – auch wenn dieser Universalismus von der Idee der Machtexpansion und des Panhellenismus beseelt war. Dennoch ging es nicht um die Isolation und auch um keine Herrschaft des Blutes, sondern um eine geistig-kulturelle Vereinigung.

Das Römische Imperium übernahm diesen Universalismus in der Form der Pax Romana. Auch die Kirche hatte ihren universellen Anspruch. Die Nation wurde allerdings geistig interpretiert, unter dem Motto der katholischen Einheit in der Vielfalt, der Gemeinschaft aller Menschen im Christe, als „ein Hirt, eine Herde" (Joh. 10,16). Das Prinzip des Universalismus ließ sich theoretisch untermauern, da die Kirche universal ausgerichtet war. Einen abgrenzenden Charakter erfuhr der Universalismus möglicherweise im Mittelalter, wo er zwar Europa unter dem gemeinsamen Banner der Verteidigung gegen die islamische Expansion einte, die Welt aber entsprechend in zumindest zwei Hälften geteilt war. Schließlich fand auch am Boden des christlichen Abendlandes eine Teilung statt, die zwischen Papst und Kaiser, der sakralen Welt der Kirche und der profanen Welt der adeligen Herrscher. Hatte die Kirche sich ursprünglich noch mit der weltlichen Herrschaft des Fürsten neben dem Papst arrangiert – entsprechend der Zwei-Schwerter-Theorie, wobei selbst hier das Staatsoberhaupt gleichsam vom Papst eingesetzt und gekrönt wurde und seine Macht damit unmittelbar von der Anerkennung durch den Papst abhängig war – musste sie auch diese geteilte Herrschaft schließlich abgeben. Die weiteren Streitigkeiten innerhalb der Kirche bedingten einen Prozess der Infragestellung, den schon die Scholastik angekündigt hatte, und fanden ihren Niederschlag im Abendländischen Schisma mit seinem Avignonesischen Exil ("Ubi Papa, ibi Roma") und der Aufstellung der Gegenpäpste. So wurde die Kirche in ihrer Funktion als politisch-institutionelle Organisation zurückgedrängt, auch wenn man sagen könnte, auf ihre wesentliche Aufgabe, nämlich ein Leben im Geiste Christi, das zwar schon dadurch an sich praktisch ist, da es gilt, ein Leben in einer bestimmten Weise zu führen, doch bedingtermaßen auf ein Reich ausgerichtet ist, das nicht von dieser Welt ist. Für die Reformation fasste Luther dies in einem Satz zusammen: „Christus non curat politiam aut oeconomiam, sed rex est ad destruendum Diaboli regnum et ad salvandos homines."[76]

Im 15. Jahrhundert begegnet uns zum ersten Mal der Ausdruck „Nation". Am Konstanzer Konzil (1414–1417) werden vier Nationen unterschieden: Die deutsche, französische, italienische und englische, wobei die deutsche auch Ungarn und Polen einschließt und die französische die Nordeuropäer inklusive Skandinavien. Auch die Pariser Universität unterscheidet vier Nationen: Frankreich, Picardie, Normandie und England. Die Nationen werden hier allerdings als Landsmannschaften verstanden und haben territoriale Gesichtspunkte. An der Prager Universität sind ebenfalls vier Nationen vertreten: Tschechen, Bayern, Polen und Sachsen. Bis 1409 verfügt jede Nation über eine Stimme, bis der „Erlass von Kuttenberg" der Überstimmung der Tschechen durch eine Neuregelung beizukommen versucht und den Studenten aus den Ländern des Königs drei Stimmen gewährt. Daraufhin verlassen die meisten deutschen Professoren und Studenten Prag und ziehen nach Leipzig.

Das nationale Empfinden beginnt sich zu bilden. Einen großen Anteil daran trägt die Reformation und die mit ihr

---

[76] Hans Kohn „Die Idee des Nationalismus", Seite 132

verbundene Bibelübersetzung durch Luther und bereits vor ihm durch Jan Hus. Die Sprache spielt überhaupt eine große Rolle. So wird beispielsweise 1615 im böhmischen Landtag die Einstellung von ausländischen Beamten verboten, die nicht Tschechisch sprechen und die Kinder der Einsiedler müssen in tschechischer Sprache unterrichtet werden. Diese Entwicklungen sind aber auch sozialer und, wie gesagt, religiöser Prägung.

Die Renaissance bringt größeres Wissen um die Welt (Reisen, Entdeckungen, Buchdruck usw.) und vor allem auch die Möglichkeit für Angehörige unterer sozialer Schichten sich dieses Wissen anzueignen, da es ihnen in ihrer Muttersprache vermittelt wird. Dante besingt die Liebe zum Geburtsort, Francesco Petrarca lobt „Italia Mia" und Niccolò Machiavelli (1469–1527) fordert bereits eine Einigung Italiens, was ihn in den Gegensatz zum Papsttum bringt.[77]

Die allmähliche Durchsetzung der Landessprache bedingt auch die Nationaldichtung. In Frankreich entsagen die großen Dichter der Sprache der Antike und Franz I. (1515–1547) beschließt die gesamte Jurisprudenz, die Abfassung der Gesetze und die Urteilssprechung nur noch in französischer Sprache vorzunehmen.[78] Die nun auch sprachlich vereinfachte Möglichkeit, die Welt kennenzulernen, die gleichsam neu entsteht, zieht ein neues Selbstbewusstsein nach sich. Ein Beispiel par excellence für

---

[77] Machiavelli wurde wie Dante aus Florenz vertrieben. An einer Stelle von „Revolution oder Freiheit" schreibt Lord Acton: „Verbannung ist der Nährboden des Nationalismus, wie Bedrückung die Schule des Liberalismus ist", Seite 67. Eine Feststellung, die sich bei einer langen Reihe von national gesinnten Denkern bewahrheitet.
[78] Am 15. August 1593 im Artikel 110 und 111 der Verordnung von Villers-Cotterets, nach Kohn „Die Idee des Nationalismus", Seite 126

die emanzipatorische Bewusstwerdung ist Jan Amos Comenius, Bischof der Böhmischen Brüder, der als einer der ersten Pädagogen angesehen werden kann, die den Anspruch des Universalismus auch auf das Gebiet der Erziehung und der Verbreitung des Wissens übertragen. Er unterscheidet in seiner „Via lucis" (1688) sechs Stufen der Entfaltung des Lichts des Verstandes, die ein hierarchisch geordnetes Schema der bisherigen Geschichte darstellen und die menschliche Erkenntnis durch die Analogie der Lichtsymbolik teleologisch-optimistisch deuten. Unter diesen Stufen finden sich auch die Sprache, die Schrift und der Buchdruck, die den Weg des Lichts zeigen und als epochemachende Errungenschaften – oder besser Geschenke Gottes – die Welt des Menschen in ihrem zu Gott aufsteigendem Weg positiv verändern.[79]

Das Merkmal der Sprache ist aber nicht nur die Verbindung durch gemeinsame Kommunikation, sondern auch das trennende Element, das nationale Grenzen zieht, indem es die Einheit der antiken Sprache, die über 1.000 Jahre hindurch das bestimmende Charakteristikum der Gebildeten war, kündigt und an ihre Stelle die Vielfalt nationaler Dialekte setzt und diese zur Hochsprache stilisiert. So findet der Nationalismus als Gefühl Eingang in die Herzen der Menschen. Das Mittel, dessen er sich bedient, ist die Sprache der Dichter, die das Vaterland besingen. Diese Tradition zieht sich bis ins 20. Jahrhundert, von Milton und vielen anderen bis zur Romantik Herders, Klopstocks und schließlich der extremen Nationalismen. Die Grenzen sind noch nicht klar gezogen und vielleicht wäre es übertrieben in dieser Zeit vom Nationalismus zu sprechen, aber er kündigt sich als Empfindung bereits an.

Damit erwächst auch die Frage nach der eigenen Identität. Wer waren die Vertreter des Hellenismus, die rechtmäßigen

---

[79] Jan Amos Komenský „Cesta světla", Mladá fronta, Praha 1992

Erben des Heiligen Römischen Reiches? Robert Michels, durch seine Bekenntnis zum Sozialismus und seine spätere Hinwendung zum Fascismus Mussolinis ein recht umstrittener, dennoch klarer Denker, arbeitete in seinem Buch „Der Patriotismus" das trennende Moment der nationalen Empfindungen heraus. So findet bei ihm beispielsweise der weltgeschichtliche Kampf der Nationen seine Entsprechung in den Kämpfen der nationalen Küchen. Vor allem aber weist er auf die Bildung von Nationalmythen hin: „Die Urform des nationalen Elitegedankens ist mythologisch, die Abstammung der Nation aus der Sage, von Halbgöttern und unbeglaubigten Heldenvölkern, nicht ohne besondere Vorsehung und mit eigener metaphysischer Bestimmung."[80] Beispiele für diese Mythenbildung, die er in Adler'scher Weise als „Überwindung von Minderwertigkeitskomplexen" bezeichnet, finden sich bei fast jedem Volk, wobei sie nicht frei sind von Kuriositäten wie der Legende, der zufolge Herkules nach dem Brand Trojas Hellas verlässt und sich nach langer Reise in der Schweiz niederlässt.[81]

In der Neuzeit tritt zum nationalen Empfinden die Rationalität hinzu, die ihm auch politische Gestalt verleiht. Nach Hans Kohn bildet das 17. Jahrhundert den „Trennungsstrich" in der Geschichte der nationalen Idee, obwohl: „Aus der Auflösung des mittelalterlichen Universalismus erwuchs der Etatismus und nicht der Nationalismus."[82] Richelieus „Raison d'état", die Herrschaft des absoluten Monarchen und somit die Konstituierung des eigenen Staates sowie der Merkantilismus, der die Aufgabe hat, die zur zwischenstaatlichen Konkurrenz erforderlichen

---

[80] Robert Michels „Der Patriotismus. Prolegomena zu seiner soziologischen Analyse", Drucker & Humblot, München und Leipzig 1929, Seite 1
[81] ebenda, Seite 9
[82] Hans Kohn „Die Idee des Nationalismus", Seite 180

Mittel bereitzustellen, sind Ausdruck nicht nur der Herrschaft der Dynastie im Gegensatz zur Religion oder der Bedeutung des Staates, sondern auch der Beziehung zwischen Staat und Volk, also dem Verhältnis einer Nationalität zu anderen Nationalitäten. Die Weltgemeinschaft als Societas gentium, die rational und nach Gesetzen geordnet sein soll, bedarf nicht umsonst auch der Forderung nach einem Völkerrecht. Es gibt eben Völker und sie nehmen sich auch als solche wahr. Aber so wie die Macht der Kirche in Frage gestellt wurde, so kann nun auch die Autorität des Fürsten in Frage gestellt werden. Die Lehren der Physiokraten oder eines Adam Smith bedeuten den nächsten Schritt, der nicht nur vom Merkantilismus in ökonomischer Hinsicht wegführt, sondern auch eine Brechung der traditionellen Schranken bedeutet und eine Öffnung und ein Ende der Hemmung durch den Staat, dem nun das Privateigentum gegenübergestellt wird, darstellt.

Das Volk wird sich seiner selbst bewusst und fordert seine Rechte. In der Gegenüberstellung zur Aristokratie handelt es sich bei diesem Volk um die vernachlässigten Schichten. Interessant ist, dass sich im Vorfeld der Französischen Revolution bereits eine „rassenbiologische Begründung der französischen Nationalität" findet.[83] Man unterscheidet zwischen germanischen Franken und den keltischen, „echten" Franken, sodass Abbé Sieyès, durch seine Rede „Was ist der Dritte Stand" der Initiator des revolutionären Umbruchs, den Dritten Stand als Nachfolger der Gallier und Römer anspricht und somit zum wirklichen Volk erhebt, während der Adel, das Nicht-Volk, die aufgezwungene Herrschaft einer volksfremden Klasse darstellt. Aber gerade in diesem Zusammenhang darf nicht vergessen werden, dass der Nationalismus sehr starke freiheitliche Ambitionen hatte, wie zum Beispiel eben die Herrschaft des Volkes, die

---

[83] Robert Michels „Patriotismus", Seite 3

Selbständigkeit und Unabhängigkeit, die mit den Forderungen der Aufklärung und des Humanismus konform gingen. Aber zur geforderten Freiheit gesellt sich ein irrationaler Messianismus, auf den Jacob Talmon in seiner Trilogie hinweist und dessen Struktur und Geschichte ausarbeitet.

Der Grundgedanke dieses Messianismus lautet vereinfacht ausgedrückt: Ein Volk soll die anderen Völker aus der Knechtschaft in die Freiheit führen. Die Vertreter dieses Missionsgedankens, nach Kohn „Propheten ihrer Völker", nehmen die Vormachtstellung in der Erkämpfung der Freiheit für die restliche Welt jeweils für ihr eigenes Land in Anspruch – so Mazzini für Italien, Mickiewicz für Polen und Michelet für Frankreich. Dieser Messianismus vergeht sich allerdings durch seine Eschatologie, die als Religionsersatz angesehen werden darf, an der Idee der Freiheit.

Milton schrieb: „Let not England forget the precedence of teaching nations how to live!"[84] Die dem politischen Messianismus innewohnende Hybris, die jederzeit zum Vorschein kommen kann, um ihre Herrschaft zu postulieren, macht sich hier bemerkbar. Michels kritisierte diesen Glauben an die Erfüllung einer nationalen Mission, sah ihn als gefährlich, „denn er ist ganz der Willkür, jeder Nachprüfung entzogen" und nannte ihn einen „Mutterboden für Psychosen".[85] Milton war es auch, der England Israel gleichsetzte – ein Verweis auf die zu Beginn dieses Kapitels besprochene Rolle Israels – und damit einen Vergleich machte oder bereits geradezu eine Herleitung auf mythologischer Basis schaffte, die erklärt, wie es zur Entstehung der Anglo-Israel-Identity Society in der zweiten

---

[84] ebenda, Seite 22
[85] ebenda, Seite 41

Hälfte des 19. Jahrhunderts kommen konnte.[86] England wurde als das „New Israel" gesehen.[87]

Woanders ging es ähnlich zu. So wurde beispielsweise behauptet, Adam wäre ein Germane gewesen, da er als Verkörperung des Mannes schlechthin angesehen wurde und nur eine Sprache sprach, die aber damals, vor der Sprachverwirrung im Zuge des Turmbaus zu Babel, von allen gesprochen wurde – die „Aller-Mannen-Sprache", also Germanisch.[88]

Die Französische Revolution leitete das Zeitalter des Nationalstaates ein, auch wenn dessen freiheitlicher Inhalt von ihrem eigenen Vollender, Napoleon Bonaparte, nicht wirklich verwirklicht wurde und in die Restauration führte.

Ein Beispiel für den Nationalismus ist der Italiener Giuseppe Mazzini (1805–1872). Seine Mitarbeit in Gruppen wie „Carbonari", „Das Junge Italien", einer homogenen, disziplinierten und elitären Führungsminorität, die zur bewaffneten Aktion aufrief, und „Junges Europa", das von 1834 bis zu dessen Auflösung durch die Schweizer Behörden am 11. August 1836 bestand und Gleichheit, Freiheit, Brüderlichkeit und Gottes Gesetz forderte, zeigt das typische, bewegte, engagierte Leben eines an der Grenze der Illegalität und oft über diese hinaus agierenden Revolutionärs. Mazzini forderte in Anknüpfung an die Tradition des Roms der Kaiser und des Roms der Päpste ein Roma Terza, ein Rom der Völker, das sich nach seiner Einschätzung am besten für die Führungsrolle des Verteilers der Freiheit und der Gerechtigkeit unter den Völkern eignete, da ihm die Idee des Universalismus nicht nur nicht fremd, sondern ganz besonders eigen war. Die Ideale der

---

[86] ebenda, Seite 7
[87] John Lyly „Euphues and His England", 1580, nach Kohn „Die Idee des Nationalismus", 4. Kapitel
[88] Hans Kohn „Die Idee des Nationalismus", 4. Kapitel

Französischen Revolution sollten durch Italiens Führung in der ganzen Welt verwirklicht werden, wobei die Humanität nicht nur ein Ziel, sondern auch ein Mittel war. „Die großen Revolutionen vollziehen sich mehr durch Prinzipien als durch Bajonette: zuerst in den sittlichen Werten, dann in den wirtschaftlichen … Die blinde Gewalt kann Opfer, Märtyrer und Sieger hervorbringen. Mag der Triumph das Haupt des Königs oder eines Tribunen krönen: wenn er dem Willen der Mehrzahl entgegen ist, sinkt er immer zur Gewaltherrschaft herab.“[89] Es verwundert nicht, dass Mazzini gegen den Sozialismus Stellung bezog, auch wenn er anfangs Sozialist war, vor allem durch seine Arbeit in der Internationale. Später kritisierte er die sozialistischen Visionen als Vorstellungen künftiger Diktatoren, Reglementierer und Bevormunder, die die Volksmassen „von neuem zum Gehorsam, zur Unbeweglichkeit … verurteilen … das heißt zur Sklaverei und Ausbeutung durch eine neue quasi revolutionäre Aristokratie.“[90] Das heißt aber keineswegs, dass er dem Revolutionismus absagte: „Was mit einer sozialistischen Revolution gemeint ist, weiß ich nicht. Wenn sie sie machen können, so sollen sie. Ich begnüge mich, eine republikanische zu machen. Dieses Alles-machen-wollen, um schließlich nichts zu machen, geht mir auf die Nerven.“[91] Er sprach sehr wohl von „sozialer Herrschaft“, die sein Werk krönen sollte, unterschied zwischen einer besitzenden Klasse und dem Proletariat und wandte sich gegen die angeblichen kapitalistischen und bürgerlichen Klassenvorrechte, die durch das Volk, die Arbeiter zerstört werden sollten. Aber der sozialistische Revolutionismus widersprach dem nationalen. Mazzini wollte nicht eine Klasse durch eine

---

[89] Norbert Leser „Marx und Mazzini“, Seite 289/290
[90] ebenda, Seite 292
[91] ebenda, Seite 299

andere ersetzen. Worum es ihm ging, war die Harmonisierung des Zusammenlebens aller Menschen. Der Klassenkampf war eine Theorie, die die Einheit und Harmonie des Volkes zerstörte. Der höchste Wert war für ihn die Menschheit. Familie – Nation – Menschheit bildeten eine Leiter, über die es hinaufzusteigen galt. Auch bei Mazzini findet sich die Gleichsetzung des eigenen Volkes mit Israel: „Italien ist das auserwählte Volk, das typische Volk, das schöpferische Volk, das Israel des modernen Zeitalters."[92] Mit dem Sozialismus verband ihn die Feindschaft zum Kapitalismus, der Messianismus und sein kollektivistischer Zug, die Betonung der „Assoziation". Hans Kohn kommentiert die Bestrebungen Mazzinis um ein geeintes und freies Italien mit den Worten: „Mazzini wollte, dass die junge, unerfahrene Nation zum Himmel fliege, bevor sie auch nur recht auf der Erde gehen gelernt hatte."[93]

Adam Mickiewicz schrieb die Rolle, die Mazzini für Italien vorsah, Polen zu. Jules Michelet nahm den Messianismus wiederum für Frankreich in Anspruch und postulierte: Volk, Revolution, Frankreich. Der Enthusiasmus der nationalen Revolutionäre, die aber gleichermaßen wie die Sozialisten auch soziale Revolutionäre waren – was häufig und manchmal gern übersehen wird – ging leicht in Richtung religiöser Kompensation.

Heute wird der Nationalismus oft nur im Zusammenhang mit dem Konservatismus, dem Militarismus, dem Bürgertum oder sogar dem Kapitalismus gesehen, wobei er mit Letzterem das Allerwenigste zu tun hat. Eine solche Sichtweise ist ein Irrtum, wie die angeführten Beispiele belegen, dessen Genese auf die Verurteilung des Faschismus

---

[92] Zitiert nach Hans Kohn „Propheten ihrer Völker. Studien zum Nationalismus des 19. Jahrhunderts", A. Francke, Bern 1948, Seite 95, aus „Il Gesuita moderno", Vincenzo Gioberti.
[93] Hans Kohn „Propheten ihrer Völker", Seite 117

durch den Kommunismus zurückdatiert: 1922 sprach Sinowjew am 4. Kongress der Kommunistischen Internationale im Zusammenhang mit dem Marsch auf Rom von einer „Epoche des Faschismus", der dadurch zur Kennzeichnung aller von der bolschewistischen Theorie und Praxis abweichenden Bewegungen wurde – alles, was dem bolschewistischen Geist zuwider war, wurde als Konterrevolution bezeichnet, eine Gleichung, die Schule machte und noch heute, auch wenn unbewusst, im Gebrauch ist. Dass sie nicht den Tatsachen entspricht, zeigt gerade der Blick auf die Philosophien der soeben angesprochenen Nationalisten. Den Nationalismus des 19. Jahrhunderts versteht man umso besser, je mehr man seine Einbettung in die philosophische Vielfalt der revolutionären Systeme dieser Zeit untersucht.

Seinen Revolutionismus, Messianismus, Etatismus und Kollektivismus, seine Vision der sozialen Gerechtigkeit und die Feindbilder teilte sich der Nationalismus mit dem Sozialismus. Beide lassen sich mit einem Zitat von Saint-Simon charakterisieren, der als Vorläufer des Sozialismus gilt: „Das goldene Zeitalter der Menschheit liegt nicht hinter uns; es liegt vor uns; es besteht in der Vollkommenheit der Gesellschaftsordnung: unsere Väter haben es nicht gesehen, unsere Kinder werden es eines Tages erleben; an uns ist es, den Weg zu bahnen."[94]

Man darf auch nicht übersehen, dass der Konservatismus dieser Zeit ein Konservatismus der Restauration war. Die Monarchie, die Herrschaft der Dynastien war die Welt dieses Konservatismus. Seine Einstellung zum Revolutionismus, ob nun sozialistischer oder nationaler Prägung, war eine ablehnende. Gleichermaßen wies die Kirche den Nationalismus zurück, der ihr wesensfremd war. Den Katholizismus konnte die Idee einer selbstständigen

---

[94] Jacob Talmon „Politischer Messianismus", Seite 54

Nation theoretisch – als Ersetzung des Summum Bonum durch die Nation – und praktisch nur zuwider sein, wie die Geschichte der italienischen Einigung zeigt. Italien bestand zwar im Bewusstsein der Menschen als Land und Nation, aber seine De-facto-Einheit erlangte es durch den Kampf gegen den Kirchenstaat 1861. Erst nach langem Hin und Her erfolgte 1894 unter Leo XIII. die „Aussöhnung mit der Republik". Und selbst heute noch nimmt die Kirche zur nationalen Frage eine distanzierte Haltung ein, obwohl sie, vom ethischen Standpunkt, vorbildlich ist.

Papst Johannes Paul II. unterscheidet zwei Grundprinzipien: Erstens die unveräußerliche Würde der menschlichen Person und zweitens die grundlegende Einheit des Menschengeschlechts.[95] So musste sich die Kirche mit dem Nationalstaat erst abfinden, ohne jedoch die Substanz ihres religiösen Auftrags aufzugeben, demzufolge nicht die Nation an erster Stelle steht, sondern zuerst die Würde der Person und ihre Beziehung zu Gott kommt. Die Nation ist höchstens ein Mittel der Emanzipation von Abhängigkeit und Unterdrückung, kann aber auch als Mittel der Unterdrückung im Falle der Minderheiten missbraucht werden.

Die Konservativen konnten am Nationalismus auch aus dem Grund schwer partizipieren, weil er revolutionär war. Joseph de Maistre sagte zur Gegenüberstellung von Volkssouveränität und königlicher Despotie: „Doch das Heilmittel ist unendlich viel schlimmer als die Krankheit. Es ist, als ob man ein Haus mitten in einem reißenden Strom erbaute, um sich vor Feuer zu schützen … Wir sind gefangen zwischen der Scylla der Volksanarchie und der

---

[95] Vatikan 8. Dezember 1988, „Um Frieden zu schaffen, Minderheiten achten", Botschaft von Papst Johannes Paul II. zur Feier des Weltfriedenstages am 1. Januar 1989, entnommen aus „Minderheiten und nationale Frage".

Charybdis des monarchischen Despotismus; Abgründe auf beiden Seite. Es kann nur einen Retter geben, den Papst, den natürlichen und von Gott eingesetzten Schiedsrichter zwischen den Nationen und Richter zwischen Herrschern und Untertanen."[96]

Auf der anderen Seite standen die sozialistischen Bewegungen, die mit ihren Visionen einiges im Sinn hatten, aber nicht unbedingt die Unabhängigkeit und Selbstständigkeit der Völker (so zum Beispiel Charles Fourier mit seiner Einteilung der zukünftigen Welt in 6.000.000 Phalangen zu je 1.600 Personen auf 500 Morgen Land, die eher an den Orwell'schen Staat erinnern als an das verlorene Paradies, oder Saint-Simon mit seiner Vision des Newton-Rats, in dem sich 21 der größten Geister Europas treffen, um Wissenschaft, Politik und Kunst zu besprechen, oder der Marxismus mit seiner Ankündigung und Aufforderung zur Kampf-Apokalypse). Der Sozialismus teilte die Welt nicht in Nationen, sondern in Klassen und so konnte jede nationale Emanzipation nur als Hindernis auf dem Weg zum Kommunismus gesehen werden. Aber die einzelnen Persönlichkeiten waren natürlich nicht frei von nationalen Empfindungen. Der Marx-Engels-Kreis war stolz auf sein Deutschtum und dessen Produkt, den wissenschaftlichen Sozialismus.[97] Bebel soll gesagt haben: „Wir sind zuerst Deutsche, und dann Sozialisten." Aber die Stellung war natürlich eine skeptische. So war Trotzki entsetzt, als er sah, dass im Ersten Weltkrieg die Arbeiter für ihr Vaterland in den Krieg zogen statt die proletarische Revolution voranzutreiben. Natürlich kokettierte man mit nationalen Forderungen, denn sie erwiesen sich als Verbündete gegen den gemeinsamen Feind – den Zarismus

---

[96] Jacob Talmon „Politischer Messianismus", Seite 281
[97] Robert Michels „Zum sozialpatriotischen Messianismus" in „Patriotismus"

in Russland, die Monarchien in Europa usw. Engels unterstütze die polnische Nationalbewegung, änderte aber seine Meinung, als er sah, dass die Polen zwar gegen die Aristokratie kämpften, aber nicht für den Kommunismus. Ein weiteres Beispiel für das Zusammengehen oder zumindest das Zusammengehen-Können von Sozialismus und Nationalismus ist die Hinwendung der Mehrzahl „hervorragender Garibaldianer, mit ihren Führern an der Spitze" zum Sozialismus nach 1866 bis 1870, wie Robert Michels berichtet: „So warfen sie sich den Sozialisten in die Arme, als der neuen Form der Vaterlandsliebe."[98] Und selbstverständlich wird dieser fließende Übergang zwischen einem etatistischen und seiner freiheitlichen Forderungen beraubten Nationalismus und dem Sozialismus am besten durch die philosophisch-theoretische, aber im Endeffekt auch politisch-praktische Entwicklung im Leben Mussolinis und Hitlers dokumentiert ebenso wie Mazzinis und Michels selbst.

Im Wesentlichen beschäftigte man sich aber auf sozialistischer Seite wenig mit dem nationalen Phänomen, ein Umstand, den Mussolini beklagte. Gerade er widerspricht der „Faschismus-Theorie", der zufolge der Faschismus eine Ideologie des Bürgertums gewesen wäre oder noch immer sei – als Sozialist, der seinen Sozialismus modifizierte, ein Phänomen, das man kaum als Verrat oder Pervertierung der sozialistischen Idee abqualifizieren kann, wenn man an die Interpretationen der sozialistischen oder marxistischen Lehren durch so viele unzählige, eben als Sozialisten bzw. als Marxisten anerkannte kommunistische Führer denkt, ihm den Geist des Voluntarismus einhauchte und mit Nationalismus ausstattete. Dabei handelt es sich um eine verhängnisvolle Synthese, die aber nicht den Part des Sozialismus streicht. Das Verbindungsglied, das gerade im

---

[98] ebenda, Seite 156

Falle Mussolinis die sogenannte extreme Rechte und die extreme Linke einte, war der Syndikalist Georges Sorel, der sich zwar von Mussolini in einiger Weise distanzierte,[99] mit seiner proletarischen Gewalt und dem Klassenkampf auf Mussolini dennoch großen Einfluss ausübte. So sagte Mussolini: „Was ich bin, verdanke ich Sorel."[100] Überliefert ist auch die – ob wahre oder falsche – Anekdote, dass sich nach Sorels Tod in Paris zwei Parteien um die Erhaltung von Sorels Grab bemüht hätten, die kommunistische und die faschistische.

Ich betone diesen Punkt deshalb, weil es sich dabei um ein weitverbreitetes Missverständnis handelt, den Nationalismus sofort in die Ecke des Faschismus zu drängen. Nicht, dass er nicht dort war, aber Berührungspunkte gab es bei anderen Ideologien ebenso und zwar, und das ist wichtig, aus den gleichen Gründen, die beim Faschismus jedoch oft übersehen werden. So stellt man den Nationalismus oft als Reaktion dar – selbst ein ideologischer Kampfbegriff der historischen Linken – und lenkt dadurch davon ab, dass er in dieser Hinsicht auch auf der eigenen Seite zu finden war. Der Faschismus war in seinem Selbstverständnis revolutionär, heißt es doch schon in der La Dottrina del Fascismo: „Faschismus ist nicht reaktionär, sondern revolutionär."[101] Auch im Falle des Nationalsozialismus hat der Satz von Ludwig von Mises seine Richtigkeit, den er am Vorabend der großen Katastrophe schrieb: „Man verkennt den

---

[99] George Lichtheim geht auf diesen Punkt in seinem Nachwort zur deutschen Ausgabe von „Über die Gewalt" von George Sorel ein (Universitäts-Verlag Wagner, Innsbruck 1928, 6. französische Auflage ins Deutsche übersetzt).
[100] Jacob Talmon „The myth of the nation and the vision of revolution", Seite 451
[101] ebenda, Seite 502

Nationalsozialismus, wenn man nicht beachtet, dass er Sozialismus sein will."[102]

Hitlers Kampf gegen die Bourgeoisie, den Kapitalismus, den er wie andere Nationalsozialisten und internationale Sozialisten – Marx nicht ausgenommen – mit dem Judentum gleichsetzte, sein Kampf gegen die christliche Religion und ihre Ersetzung durch ein deutsches Christentum, wie von Paul de Lagarde oder später Alfred Rosenberg gefordert, sind nur allzu deutliche Zeichen seiner geistigen Abstammung. Mann muss fast sagen, dass die Sozialisten des 19. Jahrhunderts durch ihre Verkennung der Dynamik des Nationalismus ihrer eigenen Lehre ein Grab schaufelten, indem sie den gegnerischen Verwandten nicht sahen und richtig einschätzten und indem sie ihm einen guten Teil ihres Munitionsarsenals geradezu schenkten, damit er es gemeinsam mit dem Rassismus gegen die bürgerliche Gesellschaft verschießt, die, kaum zum Luftholen in neuen Demokratien gekommen, wieder einmal unter dem Beschuss revolutionärer Fantasten stand.

Das charakteristische Merkmal dieser sozialen Fantasien war nicht so sehr ihr Utopismus, den man nur allzu gern als edle Vision oder einen humanitären Traum auszugeben pflegt, um Grausamkeiten zu rechtfertigen, als vielmehr der unerschütterliche Glaube an die Möglichkeit einer totalen gesellschaftlichen Neuordnung, die planend und verwaltend dem Einzelnen jenen Platz zuweist, auf dem er sich angeblich ohnehin am wohlsten fühle. Die Verurteilung der Ausbeutung, der Not und aller möglichen Übel sowie die Sicht einer neuen Welt der Gerechtigkeit waren Motivationen. Aber das Endziel, wie viele schöne Worte

---

[102] Ludwig von Mises „Im Namen des Staates oder die Gefahren des Kollektivismus", Bonn Aktuell 1978, Seite 19 (geschrieben im Frühjahr 1939 unter dem Titel „Vom Wesen und Werden des Nationalsozialismus – Ein Beitrag zur Befriedung Europas").

man für dieses auch in Anspruch nehmen mochte, war die Endlösung all jener Antagonismen und Differenzen des sozialen Gefüges, die die Menschheit seit Ewigkeiten beherrschen und die durch den großen revolutionären Coup ein für alle Mal gelöst werden sollten. So war man bereit – im Geiste des bekämpften Absolutismus – alles für das Volk, doch nichts durch das Volk zu unternehmen, um der führerlosen Masse zu ihrem eigenen Glück zu verhelfen.

Laut der Resolution der französischen Kommunisten im Londoner Exil von 1840 sollte eine provisorische Regierung gebildet werden. Doch die Auswahl der Männer durfte nicht dem Volke überlassen werden, da die „große Mehrheit des Volkes irren kann in der Wahl der Männer, die es der Macht für würdig hält."[103] In bester Babeuf'scher Manier einigte man sich darauf, dass diese Männer nur diejenigen sein dürfen, die „die besten Absichten gegenüber dem Volke haben, die fortschrittlichsten sozialen Ideen und einen festen Willen." Die Kinder sollten den Eltern mit 5 Jahren weggenommen werden, um sie auf diese Weise vor dem Egoismus der Eltern zu schützen. Ob nun der platonische Staat oder die Forderung Netschajews, alle Personen über 25 Jahren hinzurichten, um Russland zu erneuern, das große Finale stand unmittelbar bevor, durfte ruhig ein wenig blutiger sein als die bisherigen und was danach kommt, das ist eine grüne Wiese, über die die Menschen voller Glück in die Fabrik eilen, um durch Arbeit ihr Menschsein und ihre gesellschaftliche Relevanz zu bestätigen. Jemand musste diese Szenarien entwerfen, auch wenn sie nicht mehr waren als nur vagen Vorstellungen.

Ein gutes Beispiel für einen solchen Dramaturgen der Zukunft war übrigens Fichte, der als Nationalist genauso wie als Sozialist bezeichnet werden kann, wenn man die Rolle der Wirtschaft betrachtet, die er ihr in seinem

---

[103] Jacob Talmon „Politischer Messianismus", Seite 148

geschlossenen Handelsstaat zuschreibt. Hier soll der Staat jeden in den ihm zukommenden Besitz einsetzen. Um sich gegen andere Staaten zu behaupten und auch um sinnvoll planen zu können, muss dieser Staat geschlossen sein. Eine Forderung nach einem Mindestgehalt blieb auch nicht aus. Die Gesellschaft der Zukunft würde eine klassenlose und eine in ihrer Einheit über alle Maßen glückliche sein.

Im strikten Gegensatz zu solchen Vorstellungen, auch wenn nicht frei von Idealen – im Gegenteil, voller Ideale, nur eben anderer Art – stand der Liberalismus. Der Liberalismus verhielt sich dem Nationalismus gegenüber genauso hilflos wie der Sozialismus oder der Katholizismus. Es ging ihm primär um das Individuum und seine Freiheit. Die Nation und ihre Selbständigkeit und Unabhängigkeit waren das kollektive Mittel, das zur Durchsetzung der postulierten Ideale führen sollten. So trug der Liberalismus ebenfalls das Banner der nationalen Idee, legte ihr aber nicht so sehr den Gedanken der Nation zugrunde, sondern den der Freiheit. So betonte John Stuart Mill das Recht des Nationalstaates auf Unabhängigkeit, war aber ein Anhänger der Idee des „Empire" auf der Grundlage der Freiheit und Wohlfahrt, wobei die Andersartigkeit anzustreben war.[104] Schließlich verdankte der Liberalismus der Idee des „Amerikanismus" sehr viel, die ja von vornherein auf Unterschiedlichkeit aufgebaut war.[105] Der Einfluss des Amerikanismus, auf den ich hier aber nicht ausführlicher eingehen möchte, sollte immer mitberücksichtigt werden.

---

[104] Kohn vergleicht Mill mit Masaryk: „Mills Stellung war in sehr vielen Beziehungen der von Thomas G. Masaryk ähnlich", „Propheten ihrer Völker", Seite 190, Anmerkung 10 zum 1. Kapitel.
[105] Hans Kohn „American Nationalism" Macmillan NY 1957: „The melting pot begun to function even before the United States were constituted as a nation", Seite 23, „To become an American has always meant to identify oneself with the idea.", Seite 9.

Die amerikanische Nation war eine nicht auf kulturellen Gemeinsamkeiten, sondern auf der Übereinstimmung der Willen der Einzelnen sich gründende Bekenntnis zu einer obersten Idee, der Freiheit. Welche Bedeutung diese theoretischen aber auch durch und durch praktischen Einflüsse, die von der Neuen Welt nach Europa geradezu rückexportiert wurden, hatten, kann man an der Begeisterung ablesen, die Amerika unter anderem bei Tocqueville auslöste. Die Abgrenzung zur überkommenen Tradition der aristokratischen Abstammung, aber auch zu den neueren sozialen Bewegungen wie Sozialismus oder Nationalismus europäischer Prägung charakterisiert Benjamin Franklin, wenn er sagt, einen Fremden in den Vereinigten Staaten frage man nicht, wer er ist, sondern was er kann.[106]

Der Nationalismus bediente sich des Liberalismus und umgekehrt. Das war weder gut noch schlecht. Bedeutend war die Tatsache der Verdrängung des Liberalismus durch den Etatismus, die Ludwig von Mises als das „wichtigste Ereignis der politischen Geschichte des 19. Jahrhunderts" bezeichnete.[107] Hier konnten die echten Liberalen natürlich nicht mithalten und sie wollten es nicht. Man kann meines Erachtens den Liberalismus im Nachhinein zwar nicht von der nationalen Idee so trennen, wie es Mises vielleicht vorschwebt,[108] aber es hieße an der Realität vorbeizugehen, wollte man nicht sehen, dass die Absolutsetzung der Nation den freiheitlichen Forderungen des Liberalismus und der nationale Kollektivismus dem Wesen des liberalen Individualismus zuwiderlaufen. Auch Hans Kohn schrieb: „Im Laufe der Revolution (Anm.: gemeint ist die

---

[106] Hans Kohn „Die Idee des Nationalismus", 5. Kapitel
[107] Ludwig von Mises „Im Namen des Staates", Seite 65
[108] Der deutsche Liberalismus hatte sein Werk noch nicht vollbracht, als er durch Etatismus und Nationalismus überwunden wurde." ebenda, Seite 29

Revolution von 1848) ließ der Nationalismus in vielen seiner Formen die „Eierschalen" des humanitären Liberalismus, mit dem er einst verbündet in die Arena der Geschichte eintrat, hinter sich."[109] Jacob Talmon schrieb über die Einbettung des Liberalismus dieser Zeit zwischen Sozialismus und Absolutismus: „In den Augen der Rechten waren die Liberalen gotteslästerliche Rebellen, die Angst bekamen, nachdem sie die Zündschnur angesteckt hatten; für die Linke waren sie eigennützige Verräter."[110]

Das trifft insofern zu, als die Liberalen sich zwar gegen die adeligen Vorrechte einsetzten, auf der anderen Seite aber das Privateigentum favorisierten. So mochten sie den beiden Lagern – sowohl dem zur damaligen Rechten als auch dem zur Linken – nur unschlüssig erscheinen. Der Liberalismus war aber kein Mittelweg, auf dem es zwischen zwei Extremen notfalls zu wandern galt. Er war kein halber Kompromiss und seine Beziehung zum Privateigentum als auch zum Staat war eindeutig. Ludwig von Mises drückt dies folgendermaßen aus: „Staat ist Gewaltanwendung und Bereitschaft, Gewalt anzuwenden. Der Staatsapparat ist ein Zwangs- und Unterdrückungsapparat. Das Wesen der Staatstätigkeit ist, Menschen durch Gewaltanwendung oder Gewaltandrohung zu zwingen, sich anders zu verhalten, als sie sich aus freiem Antrieb verhalten würden … Wer Staat sagt, meint Gewalt und Zwang. Wer sagt: da sollte der Staat eingreifen, will, dass Menschen Gewalt angedroht oder dass gegen Menschen Gewalt gebraucht werde."[111] So konnte der Liberalismus den Gedankengang eines konsequenten Nationalismus, der die Idee der Nation über alle anderen erhebt, nie zu Ende gehen. Der Imperialismus wird von

---

[109] Hans Kohn „Die Idee des Nationalismus", Seite 557
[110] Jacob Talmon „Politischer Messianismus", Seite 302
[111] Ludwig von Mises „Im Namens des Staates", Seite 68 und 70

Mises in diesem Zusammenhang als eine klare Konsequenz des Etatismus dargestellt.

Voller Misstrauen gegenüber dem Staat und gegenüber der Revolution war auch ein anderer großer Liberaler, Lord Acton (1834–1902): „Macht hat die Tendenz zu verderben. Absolute Macht verdirbt absolut … Die Gefahr ist nicht, dass eine bestimmte Klasse unfähig ist, zu herrschen. Jede Klasse ist unfähig zu herrschen." Über den Nationalismus sagte er, dass er gleichen Ursprungs sei wie der Egalitarismus Rousseaus und der Kommunismus Babeufs. „So diente der gleiche Geist verschiedenen Herren …", auf der einen Seite der Befreiung vom Joch, der Zerstörung der alten Staaten, auf der anderen Seite der Vertreibung der Franzosen oder einer neuen Revolution. Lord Acton, der ein gläubiger Katholik war, verurteilte scharf die nationalstaatliche Idee und setzte die nationale Einheit in Gegensatz zur nationalen Freiheit. Der Nationalstaat war für ihn „ein historischer Rückschritt" und eine Chimäre. Das anzustrebende Ideal war in seinen Augen ein Staat, der viele Nationalitäten in sich vereinigt. Ein Beispiel war ihm in dieser Hinsicht Österreich, in dem sich nicht nur viele verschiedene Nationalitäten fanden, sondern von denen auch keine die „Zahl" zum Herrschen hatte: „Diese Verhältnisse erzeugen die größte Mannigfaltigkeit geistiger Kräfte; eine selbständig wirkende Triebfeder zum Fortschritt … In einem solchen Staate könnte die Freiheit die rühmlichsten Ergebnisse erzielen, während Zentralisierung und Absolutismus seinen Untergang bedeuten würden … Staaten, in denen keine Völkervermischung stattgefunden hat, sind unvollkommen …"[112]

---

[112] Lord Acton „Revolution oder Freiheit", Seite 12 (Vorwort von Gerolf Coudenhove-Kalergi), Seiten 20, 66, 82, 80 und 82

Ich möchte nun auf die Situation in jenem Land eingehen, das Lord Acton als Beispiel thematisiert und das Victor Adler 1897 als die „Experimentierkammer der Weltgeschichte"[113] bezeichnete und das die Nationalismusproblematik besser kannte, als manches andere – Österreich.

---

[113] Jacob Talmon „The myth of the nation and the vision of revolution", Seite 133

Österreich

Das Österreich des 19. und der ersten Hälfte des 20. Jahrhunderts ist das beste Beispiel für die Beschäftigung mit der nationalen Idee. Namhafte Theoretiker dieser Zeit setzten sich hier mit der nationalen Frage auseinander und namhafte Praktiker führten hier ihren Kampf für oder gegen die nationale Idee. Seit 1526 bestand die österreichische Monarchie unter den Habsburgern durch die Vereinigung der österreichischen, böhmischen und ungarischen Kronländer und expandierte nach dem oft zitierten Motto „Tu felix Austria nube". Seit der Ernennung Franz II. zum österreichischen Kaiser 1804 als Reaktion auf den Aufstieg Napoleons und seine Bemühungen um die römische Kaiserwürde war die österreichische Monarchie ein Kaiserreich, das die unterschiedlichsten Nationen in sich vereinigte: Österreicher, Deutsche, Tschechen, Ungarn, Slowaken, Polen, Kleinrussen, Serben, Kroaten, Slowenen Rumänen, Italiener u. a. Dadurch waren Probleme, aber auch Lösungsversuche einprogrammiert.

Wir finden hier ein stark konservatives Element, das sich um die Beibehaltung des Status quo bemühte und das Otto von Habsburg als Prinzip der Reichsidee bezeichnete, das in seinem Bemühen, eine umfassende Vereinigung mitteleuropäischer Länder zu erzielen, am 3. Juli 1866 bei Königgrätz der Idee einer universalen Monarchie unterlag, die sich nur auf der Grundlage der Herrschaft eines Staates über andere behaupten kann.[114]

Gleichermaßen ist hier die Idee der nationalen Autonomie vertreten, deren Forderungen aber erst allmählich an Bedeutung und Ausformulierung gewinnen und eigentlich auf Umwegen ihre Realisierung finden, da ihre Vertreter, im

---

[114] Otto von Habsburg „Úvahy o Evropě", Panevropa Praha 1993

Zuge suspekter Mythologiebildungen oft als Zerstörer der Monarchie apostrophiert wie beispielsweise Thomas Masaryk, anfangs gar nicht an die Konstituierung eines eigenen Nationalstaates dachten, sondern vielmehr an das Wahrwerden des Traums einer Föderation gleichberechtigter Nationen glaubten.

Auch wurde gerade in Österreich die Idee des Paneuropa geboren, die, vertreten durch Coudenhove-Kalergi, ebenfalls auf Umwegen der Zerschlagung einer großen multinationalen Vereinigung heute seine Relevanz findet.

Aber trotz aller von vielen auch als solchen empfundenen Ungerechtigkeiten und Missstände, des Zentralismus und der falschen Politik, kann man wohl von einem sehr breiten Konsens sprechen, was die Existenz, Legitimität und Aufgabe Österreichs anbelangt und den die „Österreicher" teilten. Von dieser Größe und Vielfalt profitierte Österreich auch in einem beispiellosen Maße. Man denke nur an die vielen großen Persönlichkeiten des 20. Jahrhunderts, die in Österreich tätig waren, obwohl es keine „waschechten" Österreicher waren (oder gerade deshalb eben sehr wohl), wie Sigmund Freud, Edmund Husserl, Karl Renner, Thomas Masaryk u. v. a., die allesamt in Mähren geboren wurden, um nur ein territoriales Beispiel herauszunehmen, das uns die Lehre von einem „genius loci" geradezu aufdrängt.

Interessant ist auch zu sehen, dass die österreichische Idee einer Föderation freier Völker gerade durch den tschechischen Historiker und Politiker František Palacký vertreten und auch am schönsten formuliert wurde: „Fürwahr, wenn der österreichische Staat nicht schon seit langem bestünde, müssten wir im Interesse Europas, ja der Humanität selber uns daran machen, dass er geschaffen werde."[115] Genauso kennzeichnend für Österreich ist aber auch die Tatsache, dass Palacký, als er seinen Traum von

---

[115] In einem Brief zum Slawenkongress in Frankfurt 1848

Österreich scheitern sah, schrieb: „Wir sind vor Österreich gewesen und werden auch nach ihm sein!"[116]

Ich möchte im Folgenden drei Positionen skizzieren, aus denen man sich dem Problem der nationalen Idee näherte, auch wenn ihre Bezeichnungen – vor allem im dritten Fall – mangels besserer Selbstdeklaration ein wenig unglücklich gewählt werden müssen und deshalb lediglich der Orientierung dienen sollen: die sozialdemokratische, die christlich-konservative und die liberal-nationale. Stellvertretend für die sozialdemokratische Position möchte ich Karl Renner und Otto Bauer anführen sowie auf Stalin eingehen, für die christliche-konservative Ignaz Seipel und für die liberal-nationale Thomas Masaryk. Auf den zu dieser Zeit in Österreich herrschenden Deutschnationalismus, wie er uns zum Beispiel bei Schönerer begegnet, möchte ich nicht eingehen, da er ein eigenes Kapitel bildet und meines Erachtens nach eher in den Bereich des Antisemitismus gehört.

Karl Renner

Karl Renner hatte zur nationalen Idee eine negative Einstellung. Er sprach sich zwar für die nationale Autonomie auf Grundlage der Freiheit und Gleichberechtigung aus, aber drei Aspekte erschwerten ihm eine positive Sicht des nationalen Anliegens: Erstens seine sozialistische Überzeugung, der zufolge die nationalen Streitigkeiten nur sekundären Charakter hatten und der Klassenkampf Aufmerksamkeit verdiente, obwohl dieser sozialistische Zug bei Renner bei Weitem nicht derart zum

---

[116] 1865 als Reaktion auf den eingeführten Dualismus, „der nach seiner Ansicht ja nichts anderes sei als ein verdoppelter Centralismus." Siehe Thomas Masaryk „Palacký's Idee des böhmischen Volkes", Verlag von JUC. Aug. Zalud, Praha 1899.

Tragen kam wie bei Otto Bauer, da Renner zweitens einen sehr großen Wert auf den Saat legte und – so kann man vorausschickend und verallgemeinernd sagen – die staatliche Ordnung höher schätzte als einen Anarchismus der gesellschaftlichen Beziehungen (in dieser Hinsicht war er mehr Staatsmann als Sozialdemokrat)[117] und drittens ist es seine Favorisierung Österreichs als eines umfassenden Ganzen, dessen Idee durch Separatismus nur gestört werden konnte.

Für ihn stand die Idee des „Mitteleuropa" im Vordergrund, zu dem Deutschland, Österreich, Böhmen, Ungarn u. a. gehörten: „Mitteleuropa ist tausendjährige Wirklichkeit".[118] Es gäbe zwar Kampf und Konkurrenz, aber in Wirklichkeit hätte man schon immer zusammengehört.[119] „Das Werk der Erneuerung Österreichs kann nur das Werk aller Nationen und Klassen sein ... Man versteht die österreich-ungarische Monarchie ganz falsch, solange man ihr Vitalprinzip, ihren positiven Daseinsgrund wo anders sucht als in dem gemeinsamen Wirtschaftsgebiet, in dem großen Wirtschaftsbereich der kleinen Völker. In dem Zeitalter der Wirtschaftlichkeit ist das ihre positive Bestandskraft, der materielle Grund des Zusammenhaltens ihrer Völker trotz ihrer ideologischen Gegensätze."[120] Das Gesamtinteresse der Völker ist nach innen die Wirtschaft, nach außen die Verteidigung. Das Argument der Verteidigung vor allem gegenüber der russischen Monarchie

---

[117] „Der Staat steht vor der Nation" in Karl Renner „Österreichs Erneuerung. Politisch-programmatische Aufsätze", Ignaz Brand & Co. Wien 1916, Seite 57
[118] ebenda, Seite 158
[119] Vielleicht ließe sich aus dieser Position heraus auch das Engagement Renners, das allerdings bei Weitem nicht nur auf ihn beschränkt blieb, für den „Anschluss" verstehen. Siehe auch Heinz Fischer in „Zwischen Austromarxismus und Katholizismus", Festschrift für Norbert Leser, Braunmüller 1993.
[120] Karl Renner „Österreichs Erneuerung" VII und Seite 33

und ihrem Imperialismus thematisierte übrigens auch Coudenhove-Kalergi im Zusammenhang mit dem Zusammengehen europäischer Nationen, aber auch schon Palacký und Masaryk, der diese These sehr ernst nahm und in Österreich einen Schutzwall gegenüber dem preußischen Deutschland sah (jedoch enttäuscht wurde durch die Zusammenarbeit der beiden Mächte, die so dem Pangermanismus huldigten und dadurch die Verbreitung des Panslawismus kontraproduktiv für beide Seiten bedingten). „Die österreichische-ungarische Monarchie findet ihren Daseinsgrund als Wehr- und Wirtschaftsgemeinschaft ihrer Völker. Das soll der unverrückbare Ausgangspunkt der neuen Politik sein und bleiben."[121]

So träumte Renner von einem Nationalitätenstaat, dem er die Idee des Nationalstaates strikt entgegenstellte: „Eine neue Universale will werden, eine Universale, wie sie die Kirche versucht, die Philosophie erträumt hat, wie sie die Kriegsnot aller Nationen erzwingen wird. Erst in ihr wird die Nation mit der Menschheit, die nationale Macht mit dem Recht aller Völker versöhnt sein."[122] Diese Universale sollte ein internationaler Staatenstaat, eine übernationale Rechtsordnung sein, in der einzig und allein Freiheit und Rechtsgleichheit möglich sind. „Diese Erkenntnis dämmert der Menschheit auf mitten in den Schrecknissen dieses Krieges und darum der immer wiederkehrende, nie mehr erstickbare Schrei nach einer freien Völkergemeinschaft, die die Nationen von dem Fluche aufgezwungenen Raubtierdaseins erlösen soll."[123] So verurteilte er die nationalistische Ideologie entschieden: „Nach der nationalistischen Ideologie … ist der Staat souveräner Gewaltstaat, der die Menschheit zu seiner Beute und das

---

[121] ebenda, Seite 38
[122] Karl Renner „Selbstbestimmungsrecht der Nationen", Seite 28
[123] ebenda, Seite 149

Recht zu seiner Dirne macht."[124] Die Nation als Eigenpersönlichkeit sei bei den Nationalisten verabsolutiert. Im Sozialismus sei sie lediglich ein Glied der Völkerfamilie. „Zwischen jener und dieser besteht ein ähnlicher Unterschied wie zwischen einem Troglodyten und einem Bürger der Gesellschaft. Mag ja sein, dass jemand den Troglodyten um seine absolute Unbeschränktheit beneidet, denn er ist zweifellos ein Souverän, wenigstens bis ihn die Keule des Nächsten zu dessen Nahrungsmittel macht."[125] Und so lehnte er auch die Übersteigerung des Nationalismus in den Rassismus ab: „... die kulturelle und politische Idee der Nation entartete bei ihnen zum Rassenfanatismus und Teutonismus, zu lächerlichem Sprachreinigungs- und Wodansfeierfirlefanz und derlei geschmacklosen Spielereien mehr."[126]

Es ist ein Verdienst Renners, dass er, obwohl in seinen Schriften ein eloquenter und keineswegs worttrockener Vertreter seiner Ideale, die Diskussion der nationalen Frage sachlich anpackte und sich vor allem um ihre juristische Lösung bemühte. Es war ihm klar, dass der Begriff der Nation ein Problem war: „Wie das Meer nicht mit Eimern, so ist das Wesen weder des Staates noch der Nation mit Worten auszuschöpfen. Der Eimer ist wenigstens ein festes

---

[124] ebenda, Seite 21/22

[125] ebenda, Seite 24

[126] Ebenda, Seite 91, weiters: „Wie lächerlich, in Österreich von einer „germanischen Rasse" zu reden, in dieser vagina gentium, in der sich das urälteste keltische Blut mit dem romanischen der Legionäre, dem asiatischen der Sklaven, der Diaspora-Juden, ob sie getauft oder ungetauft waren, mit slawischen, germanischen und magyarischen hundertfach gemischt hat. Bei uns hat die Nation mit der Rasse gar keine Gemeinschaft mehr." ebenda, Seite 11/12. „Wer seine Nation liebt, der entsage vor allem dem nationalen Chauvinismus" in „Österreichs Erneuerung", Seite 23.

Maß, aber die Bedeutung jener Begriffe ist wandelbar und nicht fest abzugrenzen."[127]

Doch soweit kam es in Österreich gar nicht, denn hier fehlte bereits die rechtliche Grundlage für eine solche Diskussion, da es keine Definition der Nation gab und eine solche daher auch im juristischen Sinne gar nicht existierte. So findet sich im §21 der Grundrechte von 1848 das festgesetzte und garantierte Recht auf Wahrung der Nationalität und insbesondere der Sprache (Absatz 1) sowie die staatliche Gewährleistung der Gleichberechtigung der Sprachen in Ämtern usw.[128] und insbesondere im §5 der oktroyierten Verfassung vom 4. März 1849 die Feststellung: „Alle Volksstämme sind gleichberechtigt." Aber es fehlt eine Definition der Nation, des Volkes und des Volksstamms. Und das war der Punkt, den Renner kritisierte: „Eine genaue Fixierung des Rechtssubjektes und Rechtsinhaltes ist die unumgängliche juristische Vorfrage … Ein unklagbarer, undurchsetzbarer Rechtssatz ist kein Rechtssatz, sondern ein frommer Wunsch." So konnte Renner auch über die Tschechen schreiben: „Merkwürdig, diese Nation, die ganz Österreich seit 3 Jahrzehnten in Atem hält, existiert im Rechtsleben gar nicht, ist für Recht und Gericht ein metaphysisches, transcendentales Gebilde."[129] So war ein Engländer in Prag besser geschützt als ein Deutschösterreicher, da er englische Schilder an sein Geschäft anbringen durfte, während dies einem Deutschösterreicher verboten war. Das Gleiche galt auch im umgekehrten Fall. Und wollte er jemanden klagen, wen? Den tschechischen Volksstamm, der gar nicht als rechtliches Subjekt existierte? In Ungarn wurden beispielsweise die

---

[127] Karl Renner „Österreichs Erneuerung", Seite 52

[128] Siehe auch Absatz 1–3 des Artikel 19 des Staatsgrundgesetzes über die allgemeinen Rechte der Staatsbürger vom 21./22. Dezember 1867, gültig bis 1918.

[129] Karl Renner „Staat und Nation", Seite 6, 10 und 18

Deutschösterreicher und eben alle „Nicht-Ungarn" als „anderssprachige Magyaren" erfasst. Das Sprachproblem war überhaupt von größter Bedeutung. So bezeichnete Victor Adler die deutsche Sprache als „Staats-, Amts- und Unterdrückungssprache"[130] und Renner sprach davon, dass sich der alte Grundsatz „cuius regio illius religio" in „cuius regio illius lingua" gewandelt hätte.[131]

Österreich kannte eben keine Nation, sondern nur die „Nationalität als unterscheidende Eigenschaft der Individuen, ja nicht einmal diese, denn es spricht bloss von der Umgangssprache der Staatsbürger, nicht einmal von der Muttersprache."[132] So waren die Bewohner Österreichs oft künstlich in eine Bekenntnisdiskrepanz verwickelt, wenn es darum ging zu bestimmen, welcher Nationalität sie eigentlich angehören. Entscheidet die Umgangssprache? Oder die Muttersprache, die vielleicht nicht mehr gesprochen wird? So war Renners Forderung, erst einmal die juristische Situation hinsichtlich der Definition der Nation und des Volksstamms und ihre Konstituierung als Rechtssubjekte zu klären.

Was den politischen Begriff der Nation anbelangt, galt für Renner die Gleichung, Nationalismus wolle Macht und daher Krieg. Der Nationalismus war für ihn ein völkerrechtlicher Anarchismus, weil Nation absolut gesetzt würde und es somit nichts gäbe, was über ihr stünde. Dem Nationalismus standen nach Renner zwei oppositionelle Bewegungen gegenüber: Die Friedensbewegung, die allerdings einen Teil der herrschenden Klasse umfasste und die Weltstaats- und Weltfriedensidee propagierte und der Sozialismus mit seinem Proletariat, der sich in der

---

[130] Bei Otto Bauer „Die Nationalitätenfrage und die Sozialdemokratie" §20
[131] Siehe Karl Renner „Staat und Nation"
[132] Karl Renner „Selbstbestimmungsrecht der Nationen", Seite 14

Internationalen vereinigt hatte. Letzterer war ihm mit der bürgerlichen Friedensidee à la Kant verwandt, „nur geht sie (Anm. die Internationale) mit grösserer Klarheit und Entschiedenheit vor."[133] Hier war Renners Sicht: „Zu so grossem Vollbringen ruft der Sozialismus das Proletariat, die überwältigende Mehrheit des Menschengeschlechts, auf den Plan, erzieht es zur Eroberung der politischen Macht und erwartet, dass die Diktatur des Proletariats die internationale Ordnung begründet, die Anarchie bannt und der Welt den Frieden sichert."[134] Dankenswerterweise spielten derartige Visionen bei Renners Konzept der neuen Nationalitätstaatsordnung aber keine so bedeutende Rolle, sondern höchstens die von eingestreuten Selbstdeklarationen.

Sein Anliegen war der Nationalitätenstaat, in dem Recht, Einheit, Freiheit und Gleichheit herrschen und der als Muster für einen zukünftigen Weltstaat fungieren kann. Seine Forderung, die zur Lösung der nationalen Probleme beitragen sollte, war das Personalitätsprinzip. Dieses besagt, dass es jedem freistehe sich zu einer Nationalität zu bekennen und das im Gegensatz zu dem von Renner sehr angefeindeten Territorialprinzip steht, das eine Rechtsaufteilung nach Nationen oder Kronländern vornehmen wollte und die nach Renner in Österreich aufgrund der vielen Minderheiten gar nicht möglich wäre. Dadurch würde nur eine Verlagerung des nationalen Problems auf die Ebene der Kronländer erfolgen.

Am besten funktioniert das Territorialprinzip, wenn sich Staat und Nation decken. Doch das ist selten der Fall und so kommt es zu Reibungen. Renner schwebte die Aufteilung Österreichs in Kreise als kleinste Organisationseinheiten des Staates vor. Der Kreis ist das Organ der staatlichen

---

[133] ebenda, Seite 21
[134] ebenda, Seite 22

Lokalverwaltung und die Grundlage der staatlichen Verwaltungshierarchie. Zuerst kommt die Zentralverwaltung, dann die nationale Vertretung und Verwaltung und schließlich autonome Territorialverbände.

„Der Kreis ist somit der Schnitt- und Ausgangspunkt der Koordination aller drei Dimensionen, des staatlichen, territorialen und nationalen Lebens".[135] Demzufolge ist der Staat die Föderation aller Kreise, die Nation die Föderation aller Kreise und Teilkreise eines Volksstammes und das Territorium die Föderation aller Kreise eines geschlossenen Gebietsteiles des Staates, ein Lokalverwaltungsgebiet, also die elementare Zelle des Staatsorganismus.

Renner sprach sich sehr wohl für einen Zentralismus aus, aber der Zentralismus der Verfassung, der Legislative, Exekutive und Judikative müsse einheitlich und von provinziellen und nationalen Einflüssen unabhängig sein. Dadurch würde die Ordnung und die Organisation gewahrt bleiben. Unordnung ist nicht gleich Autonomie. Sein Anliegen war eine Reform nach englischem Muster: simplification of areas and unification of authorities.

Renners Visionen wurden nie Wirklichkeit. Robert A. Kann schrieb über Renner, dass man „eher wohl von dem Versagen einer traurigen Wirklichkeit gegenüber einer noblen Illusion" sprechen müsste. „Diese Illusion war auf dem edlen Glauben an den Sieg der Vernunft ... aufgebaut."[136]

Otto Bauer

---

[135] ebenda, Seite 235

[136] Robert A. Kann „Renners Beitrag zur Lösung nationaler Konflikte im Lichte nationaler Probleme der Gegenwart", Verlag der österreichischen Akademie der Wissenschaften, Wien 1973, Seite 17

Ging es Renner um den Staat, die Ordnung und das Gesetz („Staat und Nation" hatte er als Motto den Ausspruch „Inter arma silent leges" vorangestellt), finden wir bei Otto Bauer den fragwürdigen Mut zur sozialistischen Konsequenz, der in seinem Werk „Die Nationalitätenfrage und die Sozialdemokratie" unverblümt zum Ausdruck kommt.

Bauer setzte sich für nationale Autonomie ein, weil es eine Forderung der Freiheit war, aber auch, weil die ganzen Streitereien um das nationale Problem vom Hauptproblem des Proletariats ablenkten – vom Klassenkampf. „Nationale Machtpolitik und proletarische Klassenpolitik sind logisch schwer vereinbar; psychologisch schliessen sie einander aus ... der nationale Streit macht den Klassenkampf unmöglich."[137] Das nationale Gezänk halte die Arbeiterschaft davon ab, Klassenkampf zu betreiben. Es geht also darum, die nationale Autonomie zu sichern, um dadurch den Arbeitern anderer Staaten Bildung zukommen zu lassen, damit sie jene Reife erlangen, die für die Revolution erforderlich ist. Obwohl er vom „Kampf der österreichischen Nationen um den Staat" von Karl Renner schrieb, es wäre „das weitaus Wertvollste", was über die österreichischen Nationalitätenfrage „überhaupt ersonnen worden ist",[138] tendierte Bauer offenkundiger als Renner in Richtung proletarischer Aufstand. Sein Ziel war also nicht so sehr die Unabhängigkeit unterdrückter Nationen – diese war nur ein Mittel zum Zweck – als vielmehr die Beilegung eines an sich überflüssigen Konfliktes: „Den Aufmarsch der Klassen hemmt nun kein nationaler Streit mehr ... Auch hier ist für den Kampf der Klassen freies Feld."[139]

---

[137] Otto Bauer „Nationalitätenfrage und die Sozialdemokratie", Seite 273
[138] ebenda, Seite 311
[139] ebenda, Seite 315

Den Nationalismus interpretierte Bauer als ein Produkt der Bourgeoisie. „Nationaler Hass ist transformierter Klassenhass … Der nationale Streit ist eine schmerzvolle Krankheitserscheinung des einziehenden Kapitalismus." Bauers Losung war die „evolutionistisch-nationale Politik",[140] die als sozialistische Politik im Gegensatz zur konservativ-nationalen Politik stand. Dieser Politik ging es nicht darum, alte Traditionen zu erhalten, die durch ihre Sonderstellung und Vielfalt die Verschmelzung zur nationalen Einheit verhindern, sondern um die geschichtliche Weiterentwicklung, deren Ziel die einheitliche Nation eines Volkes ist, errichtet auf den Trümmern des Kapitalismus.[141]

Seine Definition der Nation lautet, wie schon angeführt: „Die Nation ist die Gesamtheit der durch Schicksalsgemeinschaft zu einer Charaktergemeinschaft verknüpften Menschen."[142]

Die Naturgemeinschaft und die Kulturgemeinschaft fallen hier zusammen, sonst gibt es keine Nation. Der Nationalcharakter als „Niederschlag der Geschichte einer Nation" gibt am ehesten Zeugnis von nationalen Empfindungen. Aber in der Geschichte war die Erfahrung dieses Nationalcharakters meist nur den herrschenden Klassen vorbehalten. Ein Beispiel dafür bietet das Rittertum, das die Deutschen zuerst zu einer Nation zusammenschweißte, wobei die Bauern „nicht mehr als die Hintersassen der Nation" waren.[143] Aber der Kapitalismus öffnete die Isolation (durch Volksschule, Wehrpflicht, Wahlrecht) und begünstigte auf diese Weise das nationale Zusammenwachsen. Doch dieser Kapitalismus wurde jetzt

---

[140] ebenda, Seite 299, 208 und 139
[141] ebenda, Seite 141
[142] ebenda, Seite 118
[143] ebenda, Seite 61

alt, da er nicht zu weit gehen konnte, und nun richtet sich die von ihm erkämpfte Freiheit gegen ihn. Die Proletarier, bis dato von geistiger, nationaler Kultur ausgeschlossen, melden sich zu Wort und werden zu der einen wirklichen und geeinten Nation. „Erst durch den demokratischen Sozialismus kann darum die ganze Bevölkerung in die nationale Kulturgemeinschaft einbezogen werden."[144]

So ist Bauer die Nation „kein starres Ding, sondern ein Prozeß des Werdens, in ihrem Wesen bestimmt durch die Bedingungen, unter denen die Menschen um ihren Lebensunterhalt und um die Erhaltung der Art kämpfen."[145] Aber sie ist zugleich auch viel mehr als das Individuum: „Die Nation ist nicht eine Summe von Individuen, sondern jedes Individuum ist das Produkt der Nation ... So besteht die Nation nicht kraft äusserer Satzung, sondern ist – logisch, nicht historisch – vor aller Satzung da[146] ... Aber erst die sozialistische Gesellschaft wird ihr (Anm.: der nationalen Einheitstendenz) zum Siege verhelfen. Sie wird die gesamten Völker durch die Verschiedenheit nationaler Erziehung und Gesittung so scharf gegeneinander abgrenzen, wie heute nur die Gebildeten der verschiedenen Nationen gegeneinander abgegrenzt sind. Wohl wird es auch innerhalb der sozialistischen Nation engere Charaktergemeinschaften geben; aber es wird in ihrer Mitte keine selbständigen Kulturgemeinschaften geben können, da selbst jede örtliche Gemeinschaft unter dem Einflusse der Kultur der Gesamtnation, im kulturellen Verkehr, im Austausch der Vorstellungen mit der Gesamtnation stehen wird."[147]

---

[144] ebenda, Seite 88
[145] ebenda, Seite 105
[146] ebenda, Seite 109
[147] ebenda, Seite 117/118

Diese geschichtsvereinfachenden Ausführungen sowie ihr kindlicher Utopismus erinnern nicht von ungefähr an nationalsozialistische Äußerungen. Die Evolution, der bevorstehende Kampf, die zu erobernde Einheit, in der es keine Vielfalt geben soll, da jeder von der gleichen Bildungsquelle gespeist wird usw. tendieren nur allzu leicht in jene Richtung, auch wenn Bauer dem Nationalismus eine klare Absage erteilt und seine Beglückungsvisionen mit den ganzen Welt teilen möchte, natürlich unter Ausschluss aller nicht-proletarischen Klassen.

In der Frage der nationalen Autonomie neigt Bauer zum von Renner thematisierten Personalitätsprinzip, das er aber korrigiert sehen möchte.

Interessant und kennzeichnend ist auch Bauers Einstellung zu den Juden. Den Rassismus bezeichnet er zwar als eine „dilettantische Afterwissenschaft",[148] dennoch leugnet er ihr Recht auf nationale Autonomie. Nicht aus dem Grund, weil die Juden derart verstreut wären, sondern weil eine solche nationale Autonomie eine Fortsetzung ihrer veralteten Kultur zur Folge hätte, die sie nicht den Klassenkampf lehrt. Darum ist es nach Bauer besser, wenn die Juden die jeweiligen örtlich-nationalen Schulen besuchen.

Im Endeffekt spricht sich Bauer für den Erhalt Österreichs aus, aber eben auf der Grundlage der nationalen Autonomie: „Wenn Österreich sein wird, wir die nationale Autonomie sein".[149] Die Arbeiterschaft ist für die nationale Autonomie und nicht für verschiedene, selbstständige Nationalstaaten. Die nationale Autonomie sichert die Willenseinheit Österreichs und schützt es auf diese Weise vor dem ausländischen kapitalistischen Imperialismus.[150] So ist die

---

[148] ebenda, Seite 331
[149] ebenda, Seite 351
[150] ebenda, Seite 438

nationale Autonomie für Bauer eine Möglichkeit, der
Zersplitterung der Arbeiterklasse und der Sozialdemokratie
vorzubeugen. Das Ziel ist und bleibt, das österreichische
Proletariat zum Gesamtkörper mit einem Gesamtwillen bei
gleichzeitiger Förderung der einzelnen nationalen Glieder
zu machen.[151]

Stalin

Stalin, der 1913 in Wien über die nationale Frage und ihren
Zusammenhang mit dem Marxismus arbeitete, stützte sich
vor allem auf die Ausführungen Renners und Bauers.

Er kritisierte Bauers „Nationalcharakter", der ihm zu
idealistisch anmutete: „Was ist denn aber der
Nationalcharakter anderes als die Widerspiegelung der
Lebensbedingungen, als ein Niederschlag von Eindrücken,
die aus dem Milieu, worin die Menschen leben,
aufgenommen wurden?"[152]

Auch er sieht in der Nation eine historische Kategorie des
aufsteigenden Kapitalismus und im nationalen Kampf einen
Kampf bürgerlicher Klassen untereinander, wobei die
Bourgeoisie manchmal das Proletariat hineinzieht, um den
Eindruck zu erwecken, als würde sich daran „das ganze
Volk" beteiligen, doch das ist nur Täuschung.[153]

Auch für Stalin ist die nationale Frage nur eine
überflüssige Ablenkung vom wahren Problem, dem
Klassenkampf und der bevorstehenden Revolution. Daher
spricht er sich für das Ende nationalistischer Repressalien
aus, damit der Arbeiter sich frei (in seiner Sprache)
entfalten und mit der sozialen Frage beschäftigen kann.

---

[151] ebenda, Seite 497
[152] Stalin „Marxismus und nationale Frage", Seite 275
[153] ebenda, Seite 282

Doch das Selbstbestimmungsrecht der Nationen, welches die Sozialdemokratie aller Länder proklamiert, ist nur das Recht auf eigene, autonome Schicksalsbestimmung. Ansonsten hätten die Arbeiter weiterhin gegen die Kapitalisten zu kämpfen.

In Bauers „evolutionistischer-nationaler Politik" sieht Stalin nur den „Versuch, den Klassenkampf der Arbeiter dem Kampf der Nationen anzupassen."[154] Also: Autonomie ja, Entfaltung der nationalen Frage nein. Die nationale Selbstbestimmung dient lediglich dazu, dass keine Ablenkung von sozialen Fragen stattfindet und der Arbeiter sich frei entwickeln kann.

Gegen Renner und Bauer erhebt Stalin den Vorwurf: „Was sind das für Sozialdemokraten, die in der Epoche der größten Verschärfung des Klassenkampfes alle Klassen umfassende nationale Verbände organisieren?"[155] Sie hätten den Klassenkampf für den Nationalismus eingetauscht und diesen nur „durch sozialistische Phrasen geschickt maskiert." Aber die nationale Frage ist nicht durch nationale Autonomie zu lösen. Erst mit dem Sturz der Bourgeoisie wird der Nationalismus und sein Problem fallen. Dass es sich so verhält, zeigt auch die Zersplitterung der österreichischen Sozialdemokratie. Der Föderalismus führt zum Separatismus, dessen Zeugnis die Gründung einer eigenen sozialdemokratischen Partei der Tschechen (1869) oder die Aufteilung in sechs nationale „sozialdemokratische Gruppen" (1897) sind.

Stalins Anliegen war es, durch das Studium der nationalen Frage in Österreich Lösungsvorschläge für die Nationalitätenfrage in Russland mit nach Hause zu bringen. Aber die Belehrung blieb aus. Während Renner und Bauer die nationale Frage vorwiegend als Sprachproblem

---

[154] ebenda, Seite 284
[155] ebenda, Seite 299

behandelt hätten, wäre sie in Russland eine Agrarfrage.[156] Stalin sieht bereits hier, im Jahr 1913, „Tage der Stürme und „Komplikationen"" bevorstehen.[157] Er gewinnt die Überzeugung, dass in Russland, um die nationale Frage zu lösen, eine „vollständige Demokratisierung", „Selbstbestimmungsrecht", „Gebietsautonomie" und „nationale Gleichberechtigung" erforderlich seien, da Demokratismus zufriedene Minoritäten schaffe. Aber das Ziel ist nach wie vor „die internationale Zusammenfassung der Arbeiter" zu einer einheitlichen, geschlossenen Partei, der „internationale Organisationstypus", die „internationale Geschlossenheit", d. h. territoriale Autonomie plus Kampf für den Sozialismus. „Ein Mittelding gibt es nicht: Prinzipien siegen, lassen sich aber nicht „versöhnen"." Die Arbeiter als „Glieder der einheitlichen Armee des Sozialismus"[158] werden den Sieg davontragen.

Ignaz Seipel

Die Kirche hatte, was die nationale Frage anbelangt, ein schweres Kreuz zu tragen. Wie sollte eine Institution, die Jahrhunderte in einem Kompromiss mit den herrschenden Dynastien lebte, auf eine neue Erscheinung reagieren, die die alten Strukturen auflöste – wie in Italien oder Böhmen – und das zum Teil auf Kosten der Kirche und oft im Zuge einer Los-von-Rom-Bewegung, die die kirchliche Autorität in Frage stellte?

Ignaz Seipel steht dem Nationalismus entsprechend ablehnend gegenüber. Die Nationalstaatsidee lehnt er ab, bekennt sich aber zum Patriotismus und einer

---

[156] Welche Bedeutung Stalin Österreich beimisst, erkennt man am folgenden Zitat: „Russland liegt zwischen Europa und Asien, zwischen Österreich und China." ebenda, Seite 327.
[157] ebenda, Seite 327
[158] ebenda, Seite 332

übernationalen Vereinigung. Er unterscheidet zwischen
Staat und Nation, wobei er das Übel darin sieht, dass man
Staat und Nation für gewöhnlich als eine Einheit betrachtet,
sie ident setzt. Wenn die Menschen lernen, zwischen Staat
und Nation zu unterscheiden, gibt es keine Probleme mehr
und kein Nationalstaatsprinzip, das auf der „Vermengung
und Verwechslung" von Staat und Nation beruht. Dann
kann die Nation als solche auch weiterhin existieren, ohne
das staatliche Gefüge zu stören. Und stören kann sie es
nicht, weil sie, da beide nicht identisch sind, auch ohne den
Staat bzw. neben dem Staat bzw. neben anderen Nationen in
einem Vielvölkerstaat bestehen kann.

Die Nation definiert Seipel als Schicksalsgemeinschft mit
Elementen wie Sprache u. a. „Unter „Nation" verstehen wir
daher eine aus mehr oder weniger gleichartigen, zumindest
aber assimilationsfähigen Elementen vom Schicksal bis zur
Kultur- und Spracheinheit zusammengeschweißte
Menschenmasse", also eine „Lebensgemeinschaft". Der
Staat ist „die Summe der Völker, Stämme, Familien und
Individuen, die eine Schicksalsgemeinschaft auf Grund
eines gemeinsamen Territoriums zu einer dauerhaften
politischen Einheit höchster Ordnung zusammenfügte",[159]
also eine Organisation, die in der Autorität besteht, durch
die Unterordnung aller, um die Einzelkräfte auf das
Gesamtinteresse hinzuordnen.[160] Nach Seipel erwachsen
also beide aus der Schicksalsgemeinschaft, der Staat ist
jedoch politisch, die Nation kulturell. Das Schicksal selbst
ist die „Fügung und Führung durch einen über den
Geschicken waltenden Gott."[161] Kirche, Staat und Nation
sind somit „Gotteswerk".

---

[159] Ignaz Seipel „Nation und Staat", Seite 6, 78 und 9
[160] ebenda, Seite 53
[161] Ebenda, Seite 10, die weiteren Zitate sind dieser und der
nachfolgenden Seite entnommen.

Seipel bringt das patriotische (Staat), nationale (Nation) und kirchliche (Kirche) Ideal miteinander in Verbindung: Allen drei geht es um Souveränität, da jedes in seiner Art das höchste ist und alle drei Ausschließlichkeit beanspruchen. So gibt es keine zwei Kirchen oder zwei Vaterländer usw. Der Patriotismus und Nationalismus sollten religiös fundiert sein, damit sie „Pflichten nicht nur gegen die Menschen, sondern auch gegen Gott" sind. Zwischen Religion, Patriotismus und nationaler Begeisterung besteht demnach kein Widerspruch, „denn auch diese zwei stammen ihm von Gott und führen ihn zu Gott." Dieser Patriotismus ist aber natürlich gewissermaßen „übernatürlich", was die Gefahr des Chauvinismus mindert. „Den Todesstoß empfängt dieser (Anm.: Patriotismus) durch die Übertreibung des Nationalismus." Der Nationalstaat steigert sich in den Nationalismus, dieser in den Chauvinismus und dieser schließlich in den Imperialismus.

Das Anliegen Seipels ist es, den Staat, der im Weltplan Gottes eine Aufgabe hat, gleichberechtigt neben die Nation zu stellen und so der Mode des Nationalismus entgegenzuwirken. Hier trifft sich übrigens die österreichische Tradition mit der der Kirche – beide sind sozusagen „unmodern", weil gegen den Nationalismus und katholisch. Österreichs Aufgabe ist es, „die ältere und höhere Staatsidee, die das mittelalterlich christliche Kaisertum ebenso wie früher das römische Imperium beseelte, zu bewahren."[162]

Um zwischen Staat, Nation und Kaiserreich besser zu unterscheiden, bedient sich Seipel eines anschaulichen Vergleichs – der Familie. Diese ist ihm als biblisches Muster ein Vorbild der Organisation. Sie hat eine dreifache Wurzel: Erstens Ehe oder Abstammung (Stamm und Rasse),

---

[162] ebenda, Seite 17

zweitens innige Gemeinschaft (Volk und Nation) und drittens ordnendes Prinzip der elterlichen Autorität (Staat und Reich). Somit sind Volk, Nation und Staat nebengeordnet, da sie verschiedene Wurzeln haben, „wenn auch auf Grund des gleichen Gesetzes hervorgewachsen".[163] In ihnen werden wie in der Ehe die Schicksale geteilt. Durch wechselseitige Verbindung und Durchdringung der Völker, Nationen und Staaten wird die Menschheit, „was sie sein soll, eine in ihrer Gänze wohlgegliederte Einheit."[164]Das, worum es Seipel geht, ist, dass nationale Gesinnung als Pietät gut ist, Nationalismus aber schlecht, da er die Zugehörigkeit zu einer Nation als das höchste Gut ansieht und nicht als ein Gut neben anderen. So sind auch alle Güter dem Christentum keine absoluten Werte oder Rechte (wie zum Beispiel das Privateigentum), sondern bleiben dem obersten Wert und Gut, nämlich Gott, untergeordnet.

Die Urheimat des Nationalismus in Österreich sieht Seipel in Böhmen. Den Hussitismus verurteilt er als Nationalismus und Häresie. Sein Ziel ist der „einheitliche Prachtbau" eines Reiches, zu dem sich „endlich auch die Staaten der Erde zusammenfügen" sollten.[165] Für die Lösung der Nationalitätenfrage empfiehlt er, jeder solle sich selbst entscheiden, ob er für ein nationales oder ein territoriales Wahlrecht optiert. Internationalismus und Nationalismus aus Prinzip lehnt er beide ab, da sie Extreme sind, die aus Liebe zur Nation vermieden werden sollten. Diese soll das Gute, das sie hat, unverfälscht bewahren und das Gute anderer Nationen übernehmen.[166]

---

[163] ebenda, Seite 57
[164] ebenda, Seite 60
[165] ebenda, Seite 95
[166] ebenda, Seite 170

Thomas Masaryk

Über liberal-nationale Positionen in Österreich zu sprechen ist schwierig. Der Grund liegt vor allem darin, dass die liberale Tradition in Österreich zu wünschen übrig lässt. Ich will mich aber kurz dieser Problematik zuwenden und sie am Beispiel Thomas Garrigue Masaryks behandeln.[167]

Man kann ihn schwer als „Nationalisten" bezeichnen, war er doch einer jener Philosophen und Politiker, die mit aller Vehemenz die Idee des Vereinten Europa vertraten.[168] Es ging ihm nicht so sehr um einen eigenen Staat als vielmehr um einen guten Staat. Als ein solcher in Form des bestehenden Österreichs nicht mehr reformierbar schien und durch seine Politik jene Umstände bedingte, die zu seiner Zerschlagung führten, blieb Masaryk im Grunde genommen nichts anderes übrig, als die Nationalstaatsidee zu propagieren und sich schließlich für einen eigenen Staat, die Tschechoslowakei, einzusetzen. Auch die Bezeichnung „Liberaler" hätte er selbst wohl abgelehnt. Den Liberalismus seiner Zeit kritisierte Masaryk und warf ihm Indifferentismus vor. Hinzu kommt, dass er selbst ein gläubiger Christ war[169] und sich in diesem Punkt von vielen Liberalen unterschied. Aber vielleicht könnte man ihm

---

[167] Zu diesem Thema siehe auch Dalibor Truhlar „Thomas G. Masaryk", Peter Lang Verlag, Frankfurt am Main 1994 und „T. G. Masaryk und die nationale Frage" sowie die Literaturliste.

[168] Als es 1925 in der Enquete „Bohemia" um die Frage nach dem möglichen Präsidenten der Vereinten Nationen Europas ging, schrieb George Bernard Shaw: „Masaryk – obviously. No one else is possible at present." H. G. Wells bezeichnete die Tschechoslowakei als das Zentrum der Vereinten Europäischen Nationen und Coudenhove-Kalergi verglich Masaryk sogar mit Jan Hus.

[169] Er konvertierte zum Protestantismus als Reaktion auf das Unfehlbarkeitsdogma des Papstes, auch wenn seine Gründe natürlich tieferer Natur waren.

vorsichtig und retrospektiv einen Liberalismus anglo-amerikanischer Prägung unterstellen.

An seinem Nationalismus ist interessant, dass er ein Humanismus war. Ähnlich wie Mazzini – auch wenn ansonsten große Differenzen zwischen beiden bestanden – glaubte Masaryk an den Sieg der Humanität, in der er eine geschichtliche Aufgabe und sogar Bestimmung der einzelnen Völker der Welt sah, wobei das tschechische Volk diese Idee vor allem religiös durch seine Reformation bekundete – eine Ansicht, die schon vor ihm Palacký vertreten hatte. Es handelte sich hierbei aber nicht um einen gutgläubigen Messianismus als vielmehr um eine Aufforderung, die ethischen Ideale, die die Geschichte uns gewissermaßen als Aufgabe vorgibt, zu realisieren. Die Ethik war für ihn das A und O jeder Politik und kam unter anderem in seinem Ausspruch „Jesus, nicht Caesar" zum Ausdruck.

Er setzte sich für die Selbständigkeit der tschechischen Nation ein, aber diese Selbständigkeit war in erster Linie eine Selbständigkeit des Geistes. Es ging ihm nicht darum, der tschechischen Nation formell den Status des Nationalstaates zu erkämpfen, sondern es durch Aufklärung und Bildung zu einer intellektuellen, moralischen und kulturellen Horizontserweiterung zu bewegen, die die Grundlage jeder Selbständigkeit bildet. So darf es auch nicht überraschen, dass er im Handschriftenstreit gegen einen leeren und überheblichen Nationalismus kämpfte, dem es darum ging, durch Hervorhebung von allgemein als echt anerkannten Falsifikaten alter böhmischer Urkunden die hohe Stellung des tschechischen Volkes gegenüber den Deutschen zu betonen. Er setzte sich für die nationale Wiedergeburt („obrození") seines Volkes ein, indem er sich mit den führenden Denkern der Tschechen, aber auch anderer Slawen beschäftigte, die selbst Anteil an der nationalen Erweckung hatten, zum Großteil aber ihre emanzipatorischen Schriften in deutscher Sprache verfasst hatten. Die Revolution lehnte er ab, sprach höchstens von einer Revolution der Köpfe und der Herzen. Zur Zeit des Weltkrieges wich er von diesem Standpunkt zwar ein wenig ab und modifizierte ihn dahingehend, dass es Situationen gäbe, in denen es unerlässlich sei, zum Schwert zu greifen, doch das setze die Moralität nicht außer Gefecht und dürfe nie zu einem Selbstzweck erhoben werden.

Die Nation konstituierte sich nach Masaryk nach der Gemeinsamkeit der Sprache, des Territoriums, der ökonomischen und sozialen Verhältnisse, der Kunst, der Wissenschaft, der Philosophie, der Religion u. a. Aber alle diese Bestimmungen verfehlen ihr Ziel, wenn sie nicht ein ethisches Fundament haben – die Humanität.

Schlussbetrachtung

Das Beispiel Österreichs zeigt, dass man die nationale Idee wie Reiseproviant auf die Wanderung mitnehmen kann, die Verpackung aber, nachdem die Jause aufgegessen wurde, in den dafür vorgesehenen Behältern entsorgt. Die nationale Autonomie ist willkommen, wenn sie der Durchsetzung der Ziele dient, aber als obersten Wert sieht man sie nicht, es werden ihr andere Werte vorgelagert – Humanität, Klassenkampf u. a.

Der Sozialismus hatte mit dem Nationalismus theoretisch nichts am Hut, packte ihn in der Praxis aber ins Gepäck, als es darum ging, seine Ziele zu erreichen. Hier sahen sich die Sozialdemokraten vor große Probleme gestellt: „So kann aus der Tatsache, daß die Forderung nach dem Nationalitätenstaat eine vom Bürgertum vertretene Maxime sei, marxistisch sowohl der Schluß gezogen werden, daß es deshalb nötig sei, ihn zu bekämpfen, als auch der, daß es auf Grund dessen erst recht notwendig sei, die allgemeine kapitalistische Entwicklung zum Großstaat mitzumachen und zur Ausreifung zu bringen.“[170]

Das Christentum musste auf den Nationalismus gleichsam reagieren. Es ging ihm nicht primär um den Nationalstaat, aber auch nicht unbedingt um dessen Gegenteil. „Die alte österreichische Staatsidee war der politische Katholizismus … Die katholische Idee ist die Einheit in der Vielfalt, wie sie auch in der Schöpfung, in der Natur, als Zeichen für den Willen des Schöpfers, gegeben ist.“[171] „Der „Beruf“ Österreichs sei die Völkerverständigung als Ausdruck des gelebten Christentums, dies sei das Erbe, das Österreich aus

---

[170] Leser „Marx und Mazzini“, Seite 280
[171] Erwin Bader „Österreich und die Idee der Völkerverständigung“ in „Karl v. Vogelsang“ Herder, Wien 1990

der Geschichte erhalten habe. Der Verlust dieses Erbes wäre gleichzeitig das Ende der Völkerverständigung, der Zerfall nicht nur Österreichs, sondern auch Europas in einander verfeindet gegenüberstehende Nationalstaaten und das Ende des relativen Friedens."[172] Dies könnte vielleicht stellvertretend für das katholische Christentum in Österreich zur Charakterisierung seiner Position in dieser Hinsicht gesagt werden. Der „Beruf" des Katholizismus war die Vereinigung, nicht der Separatismus.

Auf der anderen Seite muss vermerkt werden, dass auch den Vertretern der nationalen Idee und des Nationalstaates der Separatismus nicht immer ein großes Anliegen war. Es ging sehr wohl um die Einheit, nur sollte sie eine andere Grundlage haben. Im Falle des amerikanischen Nationalismus beispielsweise fand die nationale Idee eine Einbettung in die Forderung der demokratischen Gleichheit. Natürlich kann man die Boston Tea Party als einen ökonomisch bedingten Akt interpretieren und das wirtschaftliche Element wiederum als ein nationales. Aber hinter diesem Nationalismus stand mehr als nur das Bekenntnis zur eigenen Selbstständigkeit. Es war Selbstständigkeit und nationale Unabhängigkeit im Sinne all jener Ideale, die die mehr oder weniger aus ihrer alten Heimat vertriebenen und auch so empfindenden Menschen in ihrem Bekenntnis zum demokratischen Neuanfang einte. Kennzeichnend dafür ist eine Strophe aus Joel Barlows Gedicht „The Columbiad" von 1805:[173]

> Here social men a second birth shall find,
> And a new range of reason lift his mind,
> Feed his strong intellect with purer light,
> A noble sense of duty and of right,

---

[172] ebenda

[173] Siehe Hans Kohn „Die Idee des Nationalismus", Seite 284

The sense of liberty; whose holy fire
His life shall temper and his laws inspire.

Schließlich war es gerade die Unabhängigkeit Amerikas, die damit verbundene Konstituierung einer neuen Nation und ihre Verlautbarung der Menschenrechte, welche die europäischen Bewegungen, angefangen mit der Französischen Revolution, beflügelte.

Die österreichische Situation und die Einstellung so unterschiedlicher Theoretiker wie Seipel oder Renner könnten im Gegensatz dazu eher als nationsskeptisch ganz im Sinn der beiden großen österreichischen Dichter Grillparzer und Nestroy bezeichnet werden: „Von der Humanität über die Nationalität zur Bestialität" (Grillparzer) und „Die edelste Nation ist die Resignation" (Nestroy).

Aber wie ist es dann möglich, dass es den Nationalismus gab und gibt und dass sich der Nationalstaat in Europa tatsächlich durchsetzte? Natürlich gab es einzelne Nationalisten wie Mazzini, aber sie allein waren kaum imstande, ihren Ideen derartige Kraft zu verleihen, um Wirklichkeit zu werden.

Und wie erklärt man die weiteren Verirrungen der nationalen Idee, die sie in den Fascimus und Nationalsozialismus führten? Soll man den Nationalismus ökonomisch interpretieren und darauf verweisen, dass die wirtschaftliche Situation, die Not und die Armut, die Reparationszahlungen dem Ruf nach einer starken Hand, nach einem Führer, der dem nationalen Stolz Ausdruck verleiht, dienten? Oder soll man sich zur Erklärung dieses Phänomens psychologischer Theorien bedienen, denen zufolge die Masse geführt werden will, ein Objekt der Verehrung benötigt und wenn dieses abhanden kommt – so wie der abgesetzte Monarch – der Verlust durch die

Objektivation eines imaginären Volkswillens in der Einzelperson eines Revolutionärs kompensiert wird? Oder soll man vom Nationalcharakter oder einem Zeitgeist sprechen, der einem Volk zugrunde liegt? Oder soll man versuchen, dem Problem geistesgeschichtlich beizukommen, indem man auf den theoretischen Zusammenhang der einzelnen Lehren untereinander verweist? Oder indem man einfach vom Irrationalismus einer Epoche spricht?

Ich weiß es nicht. Aber ich glaube, dass bei der Betrachtung der nationalen Idee alle Faktoren berücksichtigt werden sollten. Einer der wichtigsten Faktoren ist, dass der Mensch frei sein will. Im Fall der nationalen Idee entfaltete sich dieses Streben nach Freiheit national, um sich damit den politischen und historischen Umständen anzupassen. Wenn man Freiheit erringen und deshalb die Monarchie stürzen will, stützt man sich auf den Nationalismus, der das absolutistische System von innen sprengt und so über den Umweg des Nationalstaates zu mehr Freiheit führt.

Die Identifikation mit einer politischen Gruppe, die sehr viele Vorteile wie Schutz oder die Möglichkeit der Durchsetzung eigener Forderungen bietet, erlaubt viele Ausformungen. So kann man sich im Staat zusammenschließen. Doch die zum Beispiel sprachlich bedingten Differenzen stören eine solche Einheit und bedrohen ihren Bestand. Darüber hinaus werden sie gemeinsam mit der Idee der Herrschaft von Menschen über Menschen tradiert. Der Zusammenschluss zu einer Nation liegt also wesentlich näher und ist auf jeden Fall derjenige, der sich im 19. Jahrhundert durchsetzte. Die nationale Idee konnte auf diese Weise die Gruppen kurzfristig stark einigen. Man sollte bei ihrer Betrachtung aber nicht den Fehler machen, sie von vornherein in eine theoretisch fundierte Kategorie zu pressen.

Der europäische Neo-Nationalismus ist ein Beispiel dafür: Menschen, die nicht unbedingt als Nachfolger Goethes und Kants anzusehen sind, berufen sich gern auf die große Tradition und Geschichte und pochen auf eine Kultur, die sie nicht einmal kennen und dann von anderen abgrenzen, die sie noch weniger kennen. Um in dieser Hinsicht ein wirklich überzeugter Nationalist zu sein, müsste man vor allem ein profundes Wissen über die eigene Kultur und die anderen Kulturen haben. Wer das nicht besitzt, dem müsste man eigentlich mangelndes Wissen und Interesse an der eigenen Nation vorwerfen. Solchen „Nationalisten" ist aber die theoretische Unterscheidung zwischen Nation als Sprachgemeinschaft, Kultur- und Staatsnation, als politische, geschichtliche, wirtschaftliche oder religiöse Einheit meist ohnehin fremd. Sie mögen sich zwar darauf berufen, doch es sind nur Einzelelemente, die das im Voraus aufgebaute Gefüge argumentativ stützen und legitimieren sollen, um den Anschein der Fundierung zu wahren.

Selbst das Argument der Schicksalsgemeinschaft zieht sehr wenig. Wer kann sich schon mit den Sorgen, Ängsten und Nöten, Freuden, Hoffnungen und Träumen der Menschen vergangener Epochen identifizieren? Diese sind uns nur in Form von Geschichtsbüchern überliefert. Wir erlernen sie bloß und die Identifizierung ist eine sehr subjektive. Im besten Fall eröffnet uns nur ein wirklich intensives Studium die Möglichkeit, einen kleinen Teil vergangener Zeiten und ihres Geistes zu verstehen.

Vielen Nationalismen liegt in erster Linie ein Wille zugrunde, ein Bekenntnis – man „will", dass es sich so verhält. Um diesen Willen zu rechtfertigen und durchzusetzen, bedient man sich der Begründungen und Erklärungen aus dem Repertoire der angeführten Nationaltheorien. Sie sind nur ein Mittel zum Zweck.

Das würde auch das Zusammengehen von Nationalismus und Rassismus erklären, denn im Grunde genommen widersprechen sich die beiden. Nationalismus erhebt die Nation zum obersten Gut, Rassismus die Rasse. Dennoch wurden sie zusammengebracht. Ihre Vereinigung diente der Legitimation des Anspruchs der Überlegenheit eines Volkes, die aber im Vornhinein schon festgelegt war, weil sie geglaubt und schlicht und einfach gewünscht wurde. Die großen Geister europäischer Geschichte sind nicht national zu beurteilen, sondern nach der intellektuellen und moralischen Größe, die sie auf geistiger Ebene eint.

Arthur Schopenhauer schrieb: „Die wohlfeilste Art des Stolzes ist der Nationalstolz. Denn er verrät in dem damit Behafteten den Mangel an individuellen Eigenschaften, auf die er stolz sein könnte, indem er sonst nicht zu dem greifen würde, was er mit so vielen Millionen teilt. Wer bedeutende persönliche Vorzüge besitzt, wird vielmehr die Fehler seiner eigenen Nation, da er sie beständig vor Augen hat, am deutlichsten erkennen. Aber jeder erbärmliche Tropf, der nichts in der Welt hat, worauf er stolz sein könnte, ergreift das letzte Mittel, auf die Nation, der er gerade angehört, stolz zu sein: hieran erholt er sich und ist nun dankbarlich bereit, alle Fehler und Torheiten, die ihr eigen sind ... zu verteidigen."[174]

Es mutet paradox an, wenn man sieht, wie gerade heute, wo Europa im Begriff ist sich zu einigen, ein Nationalismus erwacht, der anscheinend mit dem gleichen Stolz operiert, wie ihn Schopenhauer charakterisierte. Natürlich sollte man ihn nicht pauschal verurteilen und ihm reinen Irrationalismus vorwerfen, wie man es oft gern tut, denn

---

[174] Arthur Schopenhauer, „Parerga und Paralipomena" I, Aphorismen zur Lebensweisheit, Kapitel IV in Arthur Schopenhauer, Sämtliche Werke, Band IV, Suhrkamp, Frankfurt am Main 1989, Seite 429

dadurch geht man nicht nur am Problem vorbei, man verschlimmert es nur noch. Die Angst von Angehörigen einer Nation um ihren Status quo, ihren Arbeitsplatz und soziale Leistungen, vielleicht aber auch selbst ihre Angst vor einer „fremddominierten" Heimat sind nicht einfach als Rassismus, übertriebener Nationalismus oder Xenophobie zu erklären und zu verurteilen. Würde man dies tun, radikalisiert man dadurch nur die Angst und treibt die Menschen in eben eine solche Position, da sie die einzige ist, in der sie noch Schutz und ein Ernstnehmen ihrer Anliegen erwarten dürfen.

Der Nationalstaat kann heute in Europa nicht mehr als Programm der politischen Tagesordnung auftreten. Nicht aus dem Grund, weil er obsolet wäre, sondern weil es ihn schon längst gibt. Die nationale Idee, die den Nationalstaat propagierte und erkämpfte, sah in ihm – zumindest in ihren besseren Zeiten – ein Mittel zur Durchsetzung der Freiheit. Wenn Nationalismus heute auftritt, kann er dies nicht mit der Forderung nach einem Nationalstaat tun und schwerlich mit der Absicht, Freiheit herzustellen. Dazu taugt das Mittel der Nation nicht mehr, weil das Ziel bereits erreicht wurde. Die Freiheit kann als Wert an sich thematisiert werden und benötigt keine Einbettung in eine kollektive Bewegung, die sich an der Nationalität orientiert. Wenn der Nationalismus von Neuem propagiert wird, so geschieht das nicht aus dem Grund, weil die Menschen unbelehrbar wären, sondern weil sie nie lernten. Die Idee der Freiheit im Gewand nationaler Autonomie zu fordern, ist heute historisch überholt. Logisch ist dies gar nicht erforderlich.

Wenn es aber der übertriebenen nationalen Idee – einer übernationalisierten Idee sozusagen – nicht um die Freiheit geht, sondern nun wirklich um die Nation selbst, so versündigt sich der Nationalismus an seinem eigenen Erbe. Will man als Nationalist der Liebe zum Vaterland Ausdruck verleihen, so kann dies unmöglich mit einer nationalen Selbstüberhebung Hand in Hand gehen. Die Positivität der Liebe zu etwas sollte in dieser Hinsicht nicht die Negativität gegenüber etwas anderem zur Folge haben. Viele Nationen haben eine Geschichte der Tränen und des Lachens. Aber Tränen wurden nicht wegen der Nation vergossen und das Lachen hatte seinen Grund auch nicht in der Nation. Sie waren und sind stets auf etwas gerichtet, das wesentlich höher steht und tiefer liegt und dessen sich die nationalen Bewegungen in ihren hellsten Momenten auch bewusst waren. Diesen obersten Wert gilt es zu ermitteln und ihn für sich selbst bewusst zu machen.

Schließlich ist die nationale Idee eine Idee. Das bedeutet, die Nation, wie auch immer man sie fassen mag, existiert vornehmlich in den Köpfen und den Herzen der Menschen. Als Idee ist sie nichts Feststehendes, sondern etwas, das der Auslegung unterliegt und sich damit in ständiger Bewegung und Wandlung befindet. Welches Bild man sich von der Nation in seiner Interpretation malt, kann man nicht durch einen einfachen historischen oder kulturellen Bezug rechtfertigen. Man ist in seiner Interpretation immer an jene Auslegung gebunden, die man selbst vornimmt und hat diese auch selbst zu rechtfertigen. Der Wert des Nationalen steht nicht in den Geschichtsbüchern. Für Werte sind die Menschen selbst verantwortlich in dem Sinn, dass es darauf ankommt, was sie daraus machen.

Das bloße Bekenntnis zur Nation als einer faktischen, historischen Größe wird jeden Nationalisten enttäuschen. Die Zeiten ändern sich und mit ihnen auch die Sprache, die territorialen, wirtschaftlichen und politischen Gegebenheiten. In dem, was einmal war und in dem, was heute ist, liegt keine Aufforderung zur Änderung oder zur Beibehaltung des Gegebenen. Der ideelle Inhalt – sei es die Beurteilung, die Wertschätzung oder die ethisch motivierte politische Tat – haftet den Dingen nicht an und findet sich auch nicht in ihnen. Es sind unsere Augen, die etwas darin sehen und unsere Hoffnung, die wir in die Dinge legen.

Man kann sich natürlich von einer solchen Sicht distanzieren und die kalten Daten der Geschichte und der Demographie hinter sich lassen. Wenn früher eine Nation bestand, so soll sie erneuert werden; wenn sie besteht, so soll sie erhalten werden; und wenn sie noch nicht war, so soll sie werden. Man kann darin einen Irrationalismus erblicken, es Romantismus nennen oder einfach eine Überzeugung. Wie auch immer, ein solches Ideal ist schwer zu fassen, nicht leicht zu bewerten und im Nachhinein, im Fall des Versagens, nur allzu leicht zu kritisieren. Aber wie soll man sich verhalten, wenn Menschen sich als Gruppe wahrnehmen – oder zumindest von einzelnen, auch selbsternannten Vertretern für eine solche Gruppe ausgegeben werden – und auf ihrem Recht des Zusammenschlusses bestehen?

Als Erstes muss man fragen, was das Gemeinsame dieser Gruppe ist. Und hier zeigt sich die Schwäche eines Nationalismus, der romantisierend und irrational den bloßen Zusammenhalt einer solchen Gruppe allen moralischen Bedenken zum Trotz als obersten Wert ansieht. Man merkt schon, wie leer ein solcher Nationalismus sein muss: Die Nation ist ein Kollektiv, aber ein Kollektiv ist außer der Tatsache seiner Gegebenheit gar nichts. Wenn keine Ideen geltend gemacht werden, die die Füllung dieser rein formalen Hülle ausmachen, dann ist es so, als würde man die Idee der Nation selbst mit Füßen treten. Wenn man aber der Nation eine Idee voranstellt und auf diese Weise einem ursprünglich nichtssagenden Kollektiv Leben einhaucht, dann ist es schwer möglich, die Nation zu verabsolutieren, weil sie in diesem Anspruch Konkurrenz hat. Und dieser Konkurrent, wie immer er auch begründet und inhaltlich ausgearbeitet sein mag, ist auf jeden Fall etwas, das wir sehr wohl beurteilen können.

Man kann sich diesem Gedankengang entziehen, aber nur kurzfristig. Spricht man beispielsweise von einer Schicksalsgemeinschaft, ist es sehr leicht sich der Ethik, das bedeutet der Beurteilung und Einschätzung zu entziehen und man hat trotzdem eine halbwegs begründete Basis. Aber die Schicksalsgemeinschaft ist ein schwaches Argument. Denn es gibt sehr viele Schicksalsgemeinschaften, die auf verschiedenen Ebenen nebeneinander existieren, ohne dass man sie als eine Gesinnungserfahrung erlebt oder sie zu einer politischen Forderung stilisiert. So gibt es eine Schicksalsgemeinschaft des Berufs, des Alters, des Geschlechts, der Liebe. Ein Österreicher aus Wien und ein Österreicher aus Salzburg müssen nicht das Geringste gemeinsam haben. Wenn sie einander begegnen, gibt es vielleicht nicht einmal das schöne Wetter, über das sie sich unterhalten können (in diesem Zusammenhang könnte man auch von einer Wetter-Schicksalsgemeinschaft sprechen, die eine sehr objektive Grundlage hat und auf der sich die Menschen auch emotional ganz gut verstehen). Im Gegensatz dazu könnte man von einer die nationale Zugehörigkeit überschreitenden Schicksalgemeinschaft aller Philosophen sprechen, die an der Beschäftigung mit dem gleichen Thema verzweifeln, der Schicksalsgemeinschaft der Straßenbahnfahrer, Radfahrer u. a. Und wie viel könnten einander die Menschen erzählen, wenn sie sich alle in der gleichen Sprache über ihre Schwierigkeiten unterhalten würden?

Diese Faktoren sind Gruppenzugehörigkeitsmerkmale, die gemeinsamen Symbole, unter denen man sich zusammenfindet. Die Identifikation der Menschen auf der Grundlage verbindender Gemeinsamkeiten ist aber im wahrsten Sinne des Wortes ihre eigene Sache. Wenn ich meinem Alter gegenüber gleichgültig bin, warum sollte ich mich dann mit Gleichaltrigen verbinden?

Es kann so sein, muss aber nicht. Es ist eben alles eine Frage des Interesses. So verhält es sich auch mit der Nation. Wem sie wichtig ist, der thematisiert sie. Er kann nun als Nationalist auftreten und gehört dann nicht so sehr zur nationalen Gemeinschaft als vielmehr zur Schicksalsgemeinschaft der Nationalisten, die vermutlich sehr ähnliche Erfahrungen mit den Kritikern des Nationalismus machen, von denen das Gleiche behauptet werden kann und die gleichermaßen eine eigene Schicksalsgemeinschaft der Nicht-Nationalisten oder Anti-Nationalisten bilden.

Ich glaube, dass solche Erfahrungen wesentlich mehr zur Konstituierung von Schicksalgemeinschaften beitragen als die ohnehin recht schwer fassbare Begeisterung für das „Nationale". Aber es gibt selbstverständlich Augenblicke, in denen ein „nationaler" Gegenstand in den Mittelpunkt der Aufmerksamkeit rückt, sodass sich in diesem einen Punkt das Interesse der Vertreter einer Nation konzentriert und sie dadurch in ihrem Interesse oder ihrer Überzeugung eint. Das kann ein Krieg sein, eine mediale Kampagne, eine Naturkatastrophe oder ein Weltmeisterschaftstitel. Sie können eine Nation zusammenschweißen oder auseinanderbringen. Aber es werden immer ein Interesse, eine Überzeugung, ein Wille oder ein Bekenntnis dahinterstehen, die zuvor vielleicht gar nicht präsent waren und erst durch dieses Geschehen ins Leben gerufen werden. Ob sie positiv oder negativ zu beurteilen sind, ist nicht an einer solchen Bekenntnis selbst abzulesen und auch nicht an der Tatsache von so etwas wie „Nation", sondern nur an jenen Idealen, die eine nationale Idee beseelen. Falls diese Ideale fehlen, sollte man sich Gedanken über die Leere eines solchen Nationalismus oder einer solchen Liebe zur Nation machen, die, obwohl laut verkündet, uns doch nur auf die mangelnde Liebe zur und das fehlende Interesse an der Nation verweisen, da sie außer Phrasen nicht zu bieten haben.

Man möge mir verzeihen, wenn ich mit den Worten eines Denkers schließe, von dem Thomas Mann sagte, wer ihn wörtlich nehme, sei verloren, dessen Worte aber selbst nach hundert Jahren kaum etwas von ihrer bissigen Aktualität verloren, Friedrich Nietzsche:

„Dank der krankhaften Entfremdung, welche der Nationalitäts-Wahnsinn zwischen die Völker Europas gelegt hat und noch legt, Dank ebenfalls den Politikern des kurzen Blicks und der raschen Hand, die heute mit seiner Hülfe obenauf sind und gar nicht ahnen, wie sehr die auseinanderlösende Politik, welche sie treiben, nothwendig nur Zwischenakts-Politik sein kann, – Dank Alledem und manchem heute ganz Unaussprechbaren werden jetzt die unzweideutigsten Anzeichen übersehn oder willkürlich und lügenhaft umgedeutet, in denen sich ausspricht, dass Europa Eins werden will."[175]

---

[175] Friedrich Nietzsche „Jenseits von Gut und Böse", siehe Nachwort von Volker Gerhardt, Reclam 1988